As origens do cristianismo

COLEÇÃO CULTURA BÍBLICA

- *A religião dos primeiros cristãos: uma teoria do cristianismo primitivo* – Gerd Theissen
- *As origens do cristianismo* – Justin Taylor
- *As origens: um estudo de Gênesis 1–11* – Heinrich Krauss e Max Küchler
- *História social do Antigo Israel* – Rainer Kessler
- *Jesus e Paulo: vidas paralelas* – Jerome Murphy-O'Connor
- *Jesus, hebreu da Galileia: pesquisa histórica* – Giuseppe Barbaglio
- *Mensagem urgente de Jesus para hoje: o Reino de Deus no Evangelho de Marcos* – Elliot C. Maloney
- *Quando tudo se cala: o silêncio na Bíblia* –Silvio José Báez
- *Um caminho através do sofrimento: o livro de Jó* – Ludger Schwienhorst-Schönberger

JUSTIN TAYLOR

As origens do cristianismo

paulinas

Dados Internacionais de Catalogação na Publicação (CIP)
(Câmara Brasileira do Livro, SP, Brasil)

Taylor, Justin
    As origens do cristianismo / Justin Taylor ; [tradução Barbara Theoto Lambert].
-- São Paulo : Paulinas, 2010. -- (Coleção cultura bíblica)

Título original : Where did christianity come from?
ISBN 978-85-356-2639-1

1. Cristianismo - Origens 2. História eclesiástica - Igreja primitiva, ca. 30-600
I. Título. II. Série.

10-04222   CDD-270

Índice para catálogo sistemático:

1. Cristianismo : História   270

Título original: *Where did Christianity come from?*
© 2001 by The Order of St. Benedict, Inc., Collegeville, Minnesota.

Quando não for mencionada outra fonte, as citações bíblicas foram tiradas da Bíblia Sagrada, tradução da CNBB, São Paulo, 2001.

1ª edição – 2010
1ª reimpressão – 2012

Direção-geral:	*Flávia Reginatto*
Editores responsáveis:	*Vera Ivanise Bombonatto*
	Matthias Grenzer
Tradução:	*Barbara Theoto Lambert*
Copidesque:	*Tiago José Risi Leme*
Coordenação de revisão:	*Marina Mendonça*
Revisão:	*Ana Cecilia Mari*
Direção de arte:	*Irma Cipriani*
Assistente de arte:	*Sandra Braga*
Gerente de produção:	*Felício Calegaro Neto*
Capa:	*Manuel Rebelato Miramontes*
Editoração eletrônica:	*Sandra Regina Santana*

Nenhuma parte desta obra poderá ser reproduzida ou transmitida por qualquer forma e/ou qualquer meios (eletrônico ou mecânico, incluindo fotocópia e gravação) ou arquivada em qualquer sistema ou banco de dados sem permissão escrita da Editora. Direitos reservados.

Paulinas
Rua Dona Inácia Uchoa, 62
04110-020 — São Paulo — SP (Brasil)
Tel.: (11) 2125-3500
http://www.paulinas.org.br
editora@paulinas.com.br
Telemarketing e SAC: 0800-7010081
© Pia Sociedade Filhas de São Paulo — São Paulo, 2010

Para Allan e Diana Cockburn,
amigos verdadeiros.

Agradeço a Étienne Nodet, op,
que me incentivou a produzir mais este fruto
de nossos esforços comuns e chamou minha atenção
para a versão "eslava" de *Guerra judaica*, de Josefo.
Devo agradecer também a Jerome Murphy O'Connor, op,
e a Michael Patella, osb, que leram o manuscrito
e sugeriram algumas correções e melhorias.

ABREVIATURAS

1QH... Documentos das grutas de Qumran; os citados com mais frequência são: 1QH (*Hodayot/Hinos*); 1QM (*Regra da Guerra*); 1QS (*Regra da Comunidade/Manual de Disciplina*); 4QSa (*Regra da Congregação/Regra Messiânica*); 4QMMT (*Miqsat ma`aseh ha-Torah*); 4QF1 (*Florilégio*); 11QT (*Rolo do Templo*); CD (Documento de Damasco). Há traduções em: Florentino García Martinez. *Textos de Qumran* [Edição fiel e completa dos *Documentos do mar Morto*, tradução do espanhol de Valmor da Silva]. Petrópolis: Vozes, 1995. A obra tem uma 2ª edição em inglês com correções e acréscimos: Leiden; New York; Cologne; Grand Rapids, Mich.: E. J. Brill; Wm B. Eerdmans, 1996; Geza Vermes. *The Complete Dead Sea Scrolls in English*. New York: Allen Lane-The Penguin Press, 1997. Em português, há a tradução do original de 1995: Geza Vermes. *Os Manuscritos do mar Morto* [4ª ed. revista e ampliada]. São Paulo: Mercuryo, 2004.

Ab Tratado *'Abbot*, da ordem *Neziqin* da Mixná.

AbZ Tratado *'Aboda Zara*, da ordem *Neziqin* da Mixná.

Ant. Flávio Josefo. *Antiguidades judaicas*. Texto grego e tradução para o inglês de H. St. John Thackeray, Ralf Marcus, Allan Wikgren e Louis Feldman, em Loeb Classical Library. London-Cambridge; Mass.: William Heinemann; Harvard University Press, v. IV-IX. A versão inglesa clássica por William Whiston continua a ser republicada.

AT Antigo Testamento.

B... (Por exemplo, *BYoma* 11b) *Talmude de Babilônia* (T.B.), tratado (que inclui os "tratados menores", sem a Mixná correspondente), paginação usual. Há uma tradução para o inglês em: I. Epstein (org.). *The Babylonian Talmud*. London: Soncino.

BabaB Tratado *Baba Batra*, da ordem *Neziqin* da Mixná.

Ber Tratado *Berakhot*, da ordem *Neziqin* da Mixná.

CD *Documento de Damasco* (ver o primeiro verbete).

Clemente... Ver as traduções em inglês de escritores cristãos primitivos antes do Concílio de Niceia (325 d.C.), na coleção *The Ante-Nicene Fathers*. Edinburgh; Grand Rapids, Mich.: T. & T. Clark; Wm. B. Eerdmans. Em português, ver a Coleção Patrística, v. 1 e 2. São Paulo: Paulus, 1995.

Dem Tratado *Dema'i*, da ordem *Zera'im* da Mixná.

Did. Didaqué ou *Instrução dos Doze Apóstolos*. Entre outras traduções: Padres Apostólicos, Coleção Patrística, v. 1. São Paulo: Paulus, 1995.

Eusébio...Ver as traduções em inglês de escritores cristãos primitivos depois do Concílio de Niceia (325 d.C.), na coleção *The Nicene and Post-Nicene Fathers*. Edinburgh; Grand Rapids, Mich.: T. & T. Clark; Wm. B. Eerdmans. Em português, ver a Coleção Patrística. São Paulo: Paulus, 1995.

Fílon *Philo in Ten Volumes (and Two Supplementary Volumes)*. Texto grego e tradução para o inglês de F. H. Colson e G. H. Whitaker, em Loeb Classical Library. London-Cambridge; Mass.: William Heinemann; Harvard University Press. A versão inglesa clássica, por C. D. Yonge, foi republicada em uma nova edição atualizada, com introdução de David M. Scholer (Peabody, Mass.: Hendrickson Publishers, 1993).

G.J. Flávio Josefo. *Guerra judaica*. Texto grego e tradução inglesa de H. St. J. Thackeray, em Loeb Classical Library, v. II-III. London-Cambridge; Mass.: William Heinemann; Harvard University Press. A versão inglesa clássica por William Whiston continua a ser republicada. Em português, há trechos em *Flávio Josefo – Uma testemunha do tempo dos Apóstolos*, v. 3 da coleção Documentos do Mundo da Bíblia. São Paulo: Paulus, 1986.

Gr grego.

Hag Tratado *Hagiga*, da ordem *Mo'ed* da Mixná.

hebr. Hebraico.

Jub(ileus) O livro dos Jubileus. Há traduções em inglês em: R. H. Charles (org.). *The Apocrypha and Pseudepigrapha of the Old Testament in English*, v. 2. Oxford: Clarendon, 1913; James H. Charlesworth (org.). *The Old Testament Pseudepigrapha*, v. 2. Garden City, N.Y.:

Doubleday, 1985. Em português, ver: Maria Helena de Oliveira Tricca e Júlia Bárány (orgs.). *Apócrifos, os proscritos da Bíblia*, v. IV. São Paulo: Mercuryo, 2001.

Ker Tratado *Keritut* (ou *Keritot*), da ordem *Qodashim* da Mixná.

LXX A Septuaginta (tradução grega do Antigo Testamento iniciada em Alexandria em 250 a.C.).

M... (Por exemplo, *MPea* 3,2) Mixná, nome do tratado, capítulo, Mixná. Há uma tradução inglesa em: H. Danby. *The Mixná*. Oxford: Clarendon Press, 1933.

Meg Tratado *Megila*, da ordem *Mo'ed* da Mixná.

Men Tratado *Menahot*, da ordem *Qodashim* da Mixná.

Mid Tratado *Midot*, da ordem *Qodashim* da Mixná.

Ms. Manuscrito.

Nid Tratado *Nida,* da ordem *Tohorot* da Mixná.

NT Novo Testamento.

Ohol Tratado *'Ohollot ('Ahilut),* da ordem *Tohorot* da Mixná

par. Paralelo(s).

Pes Tratado *Pesahim* (ou *Pasha*), da ordem *Mo'ed* da Mixná.

PG Patrologia grega, J.-P. Migne (org.). Paris, 1857-1866.

Sanh Tratado *Sanhedrin*, da ordem *Neziqin* da Mixná.

Shab Tratado *Shabbat*, da ordem *Mo'ed* da Mixná.

Shebi Tratado *Shebi'it*, da ordem *Zera'im* da Mixná.

T... (Por exemplo, *TYome* 4,2) *Tosefta*, nome do tratado, capítulo, halacá (ed. Zuckermandel).

TA Texto alexandrino.

TM Texto (proto-)massorético.

TO Texto ocidental.

Vida Flávio Josefo. *Autobiografia*. Texto grego e tradução inglesa de H. St. J. Thackeray, em Loeb Classical Library, v. I, London-Cambridge; Mass.: William Heinemann; Harvard University Press. Em português, há trechos em *Flávio Josefo - Uma testemunha do tempo dos Apóstolos*, v. 3 da coleção Documentos do mundo da Bíblia. São Paulo, Paulus,1986.

Y... (Por exemplo, *YYoma* 2,4, p. 41c) *Talmude de Jerusalém (Yerushalmi)*, nome do tratado, referência, fólio e coluna da *editio princeps*.

Yeb Tratado *Yebamot*, da ordem *Nashim* da Mixná.

NOTA À EDIÇÃO BRASILEIRA

Gostei muito do livro de Justin Taylor, *As origens do cristianismo*.

Na maneira de abordar a história do começo do cristianismo, Taylor analisa não só e nem em primeiro lugar as doutrinas e os ensinamentos, mas sim as instituições e os ritos que eram praticados entre os judeus naquela época. Analisa especialmente a prática do Batismo e da fração do pão e a influência deles sobre o modo de pensar e de crer das pessoas. Estes dois ritos já existiam antes de Jesus. Durante a sua vida, o próprio Jesus os praticou e promoveu-os. Depois da sua morte, os discípulos e as discípulas continuaram praticando os mesmos dois ritos.

Um rito bem vivido recebe influência dos pensamentos das pessoas e, ao mesmo tempo, contribui para gerar novos modos de pensar e de crer. Por isso, esta análise de como era a prática do Batismo e da fração do pão antes, durante e depois da vida de Jesus é muito significativa e enriquecedora para compreendermos melhor o significado e o alcance do Batismo e da Eucaristia.

Carlos Mesters
Frade carmelita holandês, missionário no Brasil desde 1949, é doutor em Teologia Bíblica.
Um dos mais conhecidos e respeitados biblistas do País, com grande atuação nos meios populares, é um dos responsáveis por uma leitura mais inculturada da Bíblia na América Latina.

INTRODUÇÃO

Ao iniciarmos o terceiro milênio cristão, uma pergunta óbvia a fazer é: de onde veio o cristianismo? A resposta óbvia a essa pergunta é, naturalmente, que o cristianismo veio de Jesus. Isso é verdade, mas com algumas restrições. Com efeito, se com Jesus queremos dizer o Jesus que ensinou e curou na Galileia, o Jesus do ministério, na tentativa de atribuir-lhe todas as características essenciais do cristianismo, não demoramos a ter sérias dificuldades.

Primeiro, há um problema com nossas fontes, especificamente o de saber o que há nos evangelhos, que remonta pessoalmente ao Jesus do ministério e não a uma comunidade mais tardia ou a um autor posterior. As atividades do "Seminário de Jesus" têm atraído muita atenção, mas essa é só uma das fases mais recentes da chamada busca do Jesus histórico, que tem aumentado e diminuído alternadamente nos últimos duzentos anos. Muitos especialistas neotestamentários e, consequentemente, os que confiam em suas descobertas relutam em atribuir definitivamente muita coisa ao Jesus do ministério. Ora, se a pressuposição básica é que só o que pode ser atribuído ao próprio Jesus durante sua vida deve ser considerado cristianismo autêntico, esses resultados são desanimadores. Entre outras consequências está uma rejeição generalizada da crítica histórica dos evangelhos pelos que se preocupam em preservar a integridade da fé cristã.

É possível, já se vê, questionar os métodos e, em especial, os princípios dos críticos mais radicais. Há quem ache que eles revelam um grau injustificável de ceticismo e desconfiança de suas fontes. Mas o problema é muito maior. Mesmo se tivéssemos certeza da autenticidade de todas as palavras e ações de Jesus registradas nos evangelhos, ainda assim não poderíamos atribuir ao Jesus do ministério todas as características essenciais do cristianismo. O elemento mais importante do cristianismo, que o distingue e, na verdade, separa-o do judaísmo, é a admissão dos gentios, considerada cumprimento das Escrituras. É possível argumentar que a oportunidade dada aos gentios, e até mesmo a instituição da comunhão entre eles e os primeiros discípulos judeus de Jesus, foi o ato mais decisivo já realizado em toda a história da Igreja. Sem ela, o cristianismo – se na verdade o termo pudesse de algum modo ser empregado – teria permanecido uma obscura seita judaica.

Mas esse acontecimento foi totalmente inesperado e imprevisto. Lucas relata-o na história do centurião romano Cornélio, que manda um recado para Pedro ir a Cesareia (At 10,1–11,18). Pedro não pode recorrer a nenhuma palavra de Jesus para orientá-lo nesse ponto, parece que nem mesmo às palavras e aos gestos de Jesus que mais tarde foram considerados referentes aos gentios. Está claro que o convite e suas inferências – hospedar-se em casa de um gentio e comer sua comida – lhe são repugnantes. Para encorajá-lo a acompanhar os mensageiros, são necessárias uma visão duas vezes repetida, com uma palavra celeste de interpretação, e a instrução expressa do Espírito Santo. Pior ainda, pelo menos segundo o Evangelho de São Mateus, Pedro era contrário a uma ordem expressa de Jesus, dada aos que, inclusive Pedro, ele enviou em missão: "Não deveis ir aos territórios dos pagãos, nem entrar nas cidades dos samaritanos! Ide, antes, às ovelhas perdidas da casa de Israel!" (Mt 10,5-6). É verdade que Cesareia ficava na Judeia; portanto, tecnicamente, não em território pagão, embora, de modo geral, tivesse características e população pagãs; mas não existe nenhuma indicação de que Pedro tenha recorrido a alguma dessas sutilezas a fim de se decidir a ir até Cornélio que, de qualquer modo, não era uma das ovelhas perdidas da casa de Israel.

Sabemos que, no final do Evangelho de Mateus, o Jesus ressuscitado ordena aos apóstolos: "Ide, pois, fazer discípulos entre todas as nações" (Mt 28,19) e, desse modo, revoga a ordem anterior ou, antes, declara que ela serviu apenas para o tempo do ministério. Mas isso só esclarece mais a questão: é o Jesus ressuscitado que prepara o caminho para os gentios e existe uma importante descontinuidade entre ele e o Jesus do ministério. Lucas subentende a mesma coisa, quando atribui ao Espírito Santo a oportunidade dada aos pagãos.

Isso nos leva imediatamente a outra grave deficiência da tentativa de atribuir o cristianismo apenas ao Jesus do ministério. Um de seus resultados é depreciar a ressurreição de Cristo e a vinda do Espírito, reduzindo-as a um privilégio teológico adicional. Parte disso está subentendido nos termos ouvidos com frequência que contrastam o Jesus da História com o Cristo da fé, como se o primeiro fosse o Jesus verdadeiro e o último tão somente o que a Igreja fez dele. Porém, de fato, para nós que cremos, que somos cristãos, o Jesus verdadeiro é o Jesus ressuscitado, vivo, presente e ativo agora no Espírito e na Igreja. Não somos apenas os seguidores de um Mestre morto há muito tempo e cujos ensinamentos achamos mais verdadeiros, mais profundos e mais inspiradores que os do Buda, por exemplo. Em vez disso, somos membros de seu Corpo, animados por seu Espírito, nele unidos com seu Pai. Assim, não nos devemos escandalizar, nem mesmo nos surpreender, ao perceber que algo de novo aconteceu com a ressurreição de Jesus e em consequência dela.

De fato, não podemos achar natural a própria existência do cristianismo, isto é, de uma coisa que sobreviveu à morte de Jesus. Quando menciona Jesus quase no final do século I, o historiador judeu Josefo demonstra certa surpresa pelo fato de aquilo que ele chama de "tribo" ou "raça" de cristãos ter sobrevivido a seu fundador. O fariseu Gamaliel intervém no julgamento dos apóstolos em At 5, compara o movimento aos levantados por Teudas e Judas, o Galileu, e presume que, como eles, este também desaparecerá agora que seu iniciador está morto.

Tais observações não são fora de propósito. No final do Evangelho de São João, a reação de Pedro e seus companheiros, apesar dos acontecimentos extraordinários que acabaram de enfrentar, é voltar para a antiga ocupação de pescar. O Jesus do ministério não parece ter organizado mais do que um círculo de discípulos, e os apóstolos fugiram quando ele foi preso. Entretanto, alguma coisa continuou sob o sinal do Espírito; segundo os Atos, começou a se mover em Pentecostes, em uma passagem que expressa concretamente a missão que, depois da ressurreição, Cristo confiou aos discípulos.

Então, quais foram as origens do cristianismo? De que ambiente surgiu a Igreja cristã? Quais são os elementos de continuidade com esse ambiente e onde precisamente devemos identificar a ruptura e a inovação?

Este livro baseia-se em outro que foi escrito por este autor e um colega, Étienne Nodet, na École Biblique de Jerusalém, intitulado *The Origins of Christianity: An Exploration* [As origens do cristianismo; uma análise] (Collegeville, Minn.: The Liturgical Press [A Michael Glazier Book], 1998). Aqui, são apresentadas nossas maiores descobertas e nossos principais argumentos, embora de uma forma mais simples e menos técnica; para obter mais informações ou documentação, o leitor deve consultar o livro anterior. Nossa abordagem baseia-se no que podemos chamar de análise de instituições, que examina não tanto o que é dito, mas a forma como é dito. Essa forma é determinada por uma cultura e, em especial, por modos habituais de agir. De importância significativa são os ritos, que constituem estruturas de sentido. Esses ritos, percebemos, são os elementos básicos da continuidade com o ambiente original. Em outras palavras, eles são a mnemônica que assegura a função da memória. A inovação e a ruptura estão expressas nos sentidos que esses ritos transmitem agora. O que, de modo mais preciso, temos em mente?

O cristianismo sempre possuiu dois ritos básicos que se complementam, o batismo e a Eucaristia, um dando acesso ao outro. Nosso projeto foi investigar as características da comunidade cristã primitiva, examinando a origem dessas duas instituições, o que, naturalmente, já foi feito antes. A originalidade de nossa pesquisa consiste em considerar o batismo e a Eucaristia interligados. Em palavras bem simples: onde encontramos uma cultura religiosa na qual esses dois ritos estão ligados e desempenham um papel primordial? Chegamos imediatamente a uma conclusão: acreditamos que o cristianismo tenha surgido de um ambiente semelhante ao dos essênios. Os essênios, conforme foram descritos por Josefo e outros autores antigos, e revelados pela literatura, praticavam abluções frequentes para purificar-se, de acordo com a legislação bíblica e com seus costumes. O que lhes dá interesse especial para nossa investigação é que, em seu sistema, certas abluções significativas ratificavam um processo de iniciação. Essa iniciação dava acesso a uma refeição que era o ato primordial da comunidade. A refeição consistia principalmente em pão e vinho consumidos em porções simbólicas, e tinha significado escatológico.

Dentro dessa cultura marginal, ocorreu uma transformação profunda, que teve seu momento decisivo no contato com os gentios. O Novo Testamento atribui esse momento ao Espírito do Jesus ressuscitado. Ele está de fato na própria lógica da ressurreição em si, pois, ao ressuscitar dos mortos, Jesus transgrediu os limites entre a morte e a vida. Com essa transgressão, caíram todas as outras barreiras que separavam os impuros dos puros, em especial aquela entre os gentios e os judeus. A vida, a bondade e a pureza já não eram mais frágeis, não estavam ameaçadas, nem precisavam ser protegidas contra a morte, o mal e a impureza, que eram considerados mais fortes e sempre ameaçadores. A hostilidade deu lugar à hospitalidade, a exclusão à comunhão. O resultado foi uma explosão, um cataclismo que, entretanto, não destruiu o grupo, mas tornou-o acessível aos que ele jamais tinha imaginado como membros e, ao fazer isso, mudou-o – não muito além do reconhecimento. Para ser mais preciso, o ambiente institucional foi preservado, como atestam a literatura cristã primitiva e até mesmo a moderna liturgia. Com efeito, os ritos são estáveis por natureza. Ao mesmo tempo, o sentido desses ritos modificou-se.

Então, qual era o ambiente original que acabamos de descrever como semelhante ao dos essênios? E quem eram os essênios? Conhecemos os essênios e grupos similares dos tempos antigos principalmente pelos escritos de dois autores judeus do século I d.C., o filósofo Fílon de Alexandria e o historiador Plínio, o Velho. Nos últimos cinquenta anos, temos tido acesso a um conjunto de documentos conhecidos como Manuscritos do Mar Morto, geralmente considerados produtos de uma comunidade essênia que vivia em Qumran, na costa noroeste do mar Morto, ou em seus arredores.

Entretanto, todo esse material precisa ser lido com certa cautela. Uma leitura rápida de Fílon e Josefo pode dar a impressão de que os essênios eram um único grupo, homogêneo, até mesmo com uma organização central. Mas uma leitura mais atenta desses autores revela que o movimento que descrevem permitia muitas variações de um tema comum e provavelmente consistia em um grande número de comunidades autônomas. De sua parte, a literatura de Qumran, que de qualquer modo não é uma única obra, encaixa-se e ao mesmo tempo não se encaixa nos dados literários. Mais exatamente, "essênio" – que parece significar "fiel" – era usado como uma espécie de termo abrangente, inventado por estranhos, e incluía numerosos grupos e subgrupos. Vistos do lado de fora, todos esses grupos eram bem parecidos. Sem dúvida, eles estavam intensamente conscientes das variantes, muitas vezes minúsculas, em costumes e, talvez, em doutrinas que diferenciavam cada uma de suas rivais.

A cultura religiosa dos essênios era marginal e até mesmo sectária. Eles se mantinham isolados do Templo de Jerusalém e seu culto, centro oficial da vida judaica religiosa e nacional, que eles consideravam poluído. Sem dúvida, eles aguardavam ansiosamente um templo restaurado e purificado. Nesse meio-tempo, entretanto, sua refeição sagrada era um ato de culto sacerdotal e a sala em que ela acontecia era um santuário. Além disso, cada grupo julgava-se o verdadeiro Israel, o único encarregado de restaurar a Aliança, e abominava os outros, isto é, outros judeus, considerando-os impuros e pecaminosos.

Josefo compara os essênios a dois outros movimentos de reforma no judaísmo contemporâneo, os fariseus e os saduceus, que indiretamente tinham muita coisa em comum com os essênios e, contudo, distinguiam-se o bastante para serem reconhecidos como diferentes, até mesmo pelos estranhos. Josefo procura esclarecer o leitor grego ou romano, comparando os três movimentos a escolas filosóficas, com doutrinas distintas em pontos como a providência divina, o livre-arbítrio humano e a realidade e natureza da vida depois da morte. Na cultura judaica, entretanto, as semelhanças e as diferenças eram entendidas em termos de prática, e não de teoria.

Parece que os essênios distinguiam-se principalmente pelo modo de vida, que tinha alguns aspectos característicos que permitiam até variantes internas, em especial o longo processo de iniciação para entrar na comunidade e a refeição sagrada reservada aos membros. Quanto aos fariseus, o Novo Testamento e Josefo nos dizem que eles eram apegados à "tradição dos antigos"; em comparação, os saduceus tinham por princípio não observar nada além da Bíblia. Parece que, em geral, os fariseus eram olhados com respeito por outros judeus, que não praticavam necessariamente todos os seus preceitos e se tornaram um ponto de referência na reconstituição do judaísmo que se seguiu aos desastres nacionais de 70 e 135 d.C. Os saduceus, por outro lado, são descritos como orgulhosos e impopulares.

Como acabamos de lembrar, o Novo Testamento menciona os fariseus e os saduceus, e esta tem sido sempre uma boa pergunta: por que não menciona os essênios? Se o ambiente original do cristianismo assemelhava-se ao dos essênios, então percebemos imediatamente por que não foram mencionados pelo nome no Novo Testamento: os "de dentro" não empregariam o termo usado pelos outros para designá-los. Em vez disso, os evangelhos falam de "discípulos", nome mais próximo do sentido de essênios como "fiéis", a saber, de um mestre ("rabino"), João Batista ou Jesus.

Voltando a nossos ritos e instituições: não é muito difícil estabelecer paralelos notáveis entre o batismo e a Eucaristia, bem como o elo entre eles, no Novo Testamento e em outros textos cristãos primitivos, de um lado, e os costumes dos essênios e grupos semelhantes de outro. Acompanham esses ritos fundamentais outras práticas, encontradas nos Atos dos Apóstolos e entre os essênios, que formam um modo de vida coerente, tais como procedimentos comparáveis para aceitar e excluir candidatos a membros, autoridades com títulos e cargos similares e formas análogas de praticar a comunhão de vida e bens. Em ambos os casos, temos uma comunidade altamente estruturada, certa da própria identidade e bem diferenciada das outras.

Essas semelhanças são observadas com frequência. Tais comparações multiplicaram-se desde as descobertas em Qumran (embora talvez se tenha dado atenção excessiva à comunidade que ocupava aquele local e, em especial, a seus aspectos aparentemente monásticos). Reconhecida sua realidade e também sua importância – que não lidamos apenas com algumas semelhanças aleatórias, superficiais –, há somente três explicações possíveis. Uma é que esses eram aspectos gerais do judaísmo do Segundo Templo. Essa explicação parece ganhar peso com o fato indubitável de que algumas das práticas características comuns ao cristianismo primitivo e aos essênios, inclusive as mais importantes, encontram-se também no judaísmo rabínico, como o batismo de convertidos ("prosélitos") e a bênção do cálice e do pão no rito da véspera do sábado. O judaísmo rabínico alega ser o único herdeiro legítimo do judaísmo do Segundo Templo, de modo que é de se presumir serem seus aspectos característicos os geralmente encontrados no judaísmo de dois mil anos atrás. Mas, surpreendentemente, os aspectos distintivos compartilhados pelos essênios, pelos primeiros seguidores de Jesus e pelos transmissores mais primitivos do ensinamento oral, que é a base do judaísmo rabínico (os chamados tanaítas), pouco têm em comum com as representações clássicas do judaísmo do século I feitas por Fílon e Josefo. Assim, a ocorrência no judaísmo rabínico de características partilhadas com os essênios e os seguidores de Jesus indica antes condições de vida originais que se assemelhavam às dos essênios e, portanto, dos discípulos de Jesus, mas igualmente distantes dos círculos oficiais.

A segunda explicação das semelhanças entre a Igreja dos Atos dos Apóstolos e os essênios é que os primeiros cristãos *tomaram para si* as estruturas dos essênios. Uma forma alternativa dessa hipótese é que, ao acorrerem em grande número para a Igreja nascente, convertidos do essenismo trouxeram consigo essas práticas. Entretanto, isso é altamente improvável, pois não há nenhum sinal de conflito quanto a esses ritos, como seria de se esperar se eles fossem estranhos ao grupo original. Portanto, a verdadeira explicação é que os discípulos de Jesus já estavam acostumados com esses ritos e estruturas. Quer dizer, o ambiente do qual o cristianismo surgiu era do tipo essênio.

Um pouco antes, os ritos e outras instituições do cristianismo caracterizavam-se como a mnemônica pela qual a Igreja lembra suas origens.

Ainda fazemos hoje o que Jesus e seus discípulos faziam. O que faziam não foi inventado por eles, mas era parte da cultura religiosa, de caráter marginal e sectário, que eles partilhavam com outros grupos essênios. Isso, já se vê, ainda não toca na questão das origens fundamentais desses ritos e instituições. Falando no sentido exato, elas não são bíblicas, embora existam óbvios pontos de contato com usos bíblicos, tais como o da água para purificação. Em vez disso, há analogias com as práticas de irmandades gregas de um tipo "pitagórico" e com o modo de vida prescrito por Platão para os guardiões da cidade ideal. São essas semelhanças puramente casuais ou existe algum contato real? Eis um ótimo assunto para uma pesquisa futura.

De qualquer modo, se os ritos mostram continuidade essencial de estrutura entre o cristianismo e o judaísmo sectário, marginal do judaísmo do tipo essênio, os sentidos desses ritos no cristianismo expressam inovação e mesmo ruptura, além de continuidade. Assim, o batismo ainda mantém sua função como rito de iniciação e também seu simbolismo natural de purificação. Mas, na Igreja nascente, ele já é conferido "em nome de Jesus", isto é, invocando a presença e o poder do Ressuscitado (At 2,38 etc.; cf. 3,15-16). Na Carta aos Romanos, o apóstolo Paulo ensina que, ao sermos batizados, participamos da morte e do sepultamento de Cristo Jesus e de sua ressurreição e vida nova (ver Rm 6,3-11). Do mesmo modo, a Eucaristia ainda é a refeição comunitária da Igreja, reservada estritamente para os iniciados (batizados). Mas agora partimos e comemos o pão e bebemos o vinho em memória de Jesus morto e ressuscitado.

Esboço do livro

I. *Pontos de partida*. Este primeiro capítulo tem como tema: 1) as fontes de informação; 2) dois incidentes importantes no Novo Testamento: o batismo de Cornélio (At 10–11) e a "noite em Trôade" (At 20). Esses episódios dão um enfoque mais nítido ao batismo e à fração do pão como costumes que remontam aos tempos mais primitivos.

II. *Batismo e Eucaristia*. Os ritos fundamentais do cristianismo são examinados mais a fundo. Descobrimos que eles são característicos de grupos sectários marginais, aos quais foi aplicado o rótulo geral de "essênios". Como um grupo restrito desse tipo tornou-se uma Igreja global aberta a todos? Devemos procurar a resposta na Galileia?

III. *A Galileia judaica*. Alguns estudos modernos das origens cristãs presumem que a "Galileia, entregue às nações pagãs", foi o cenário provável de uma abertura para o mundo não judeu. Ao contrário, a Galileia rural foi colonizada por judeus de observância altamente tradicional que se voltavam para Babilônia além de Jerusalém. Alguns deles formaram "irmandades" ou comunidades de iniciados; entre eles, estavam grupos de militantes antirromanos ("galileus", "bandidos", "zelotes"). Foi esse o ambiente de origem de Jesus e seus primeiros discípulos; foi também esse ambiente que mais tarde abrigou importantes escolas rabínicas que posteriormente produziram a Mixná.

IV. *A missão para os gentios*. Como, então, explicamos a missão da Igreja para os gentios? Examinamos as questões do proselitismo judaico e dos adoradores de Deus, em movimentos messiânicos em Antioquia (onde "os discípulos foram, pela primeira vez, chamados com o nome de *cristãos*"), Alexandria e Roma. Paulo e outros pregam que "Jesus é o Messias" aos judeus da Ásia Menor e da Macedônia-Acaia. O resultado é conflito e perseguição, o que leva a vida nova e crescimento. "Dirigir-se aos pagãos" é efeito da crise nas comunidades judaicas e é entendido como obra do Espírito Santo.

V. *Tiago, Paulo e Pedro*. Em contraste, na Judeia, da tomada romana de Jerusalém em 70 d.C. ao fracasso da segunda revolta sob Bar Kochbá em 135, os crentes em Jesus que tinham origem judaica eram todos judeus praticantes (os "nazoreus"); Tiago era seu ponto de referência. Quais eram suas relações com os gentios crentes em Jesus e com outros judeus? Examinamos as consequências do "Decreto dos Apóstolos" no livro dos Atos e o problema dos "sectários" (*minim*). Acompanhamos a formação do judaísmo rabínico, considerando seu desenvolvimento à medida que irmandades diferentes organizam-se em um sistema amplo que, consequentemente, admitia várias escolas. Ao mesmo tempo, o cristianismo neotestamentário forma-se em torno do acordo entre Pedro e Paulo, sem excluir Tiago e incluindo também João.

VI. *A Aliança*. Retomamos algumas questões que ficaram pendentes em capítulos anteriores: o cordeiro pascal; a Páscoa judaica e a Páscoa cristã; Pentecostes e a Aliança; admissão e exclusão; e, finalmente, por que o nome *christiani* se firmou para os discípulos de Jesus.

VII. *E Jesus?* À luz de tudo isso, o que dizer a respeito de Jesus e seu ministério? O que seus contemporâneos pensavam dele?

Alguns comentários finais. A tendência toda desta obra é opor-se a certa ideia bastante difundida a respeito da ascensão do cristianismo e precisamente das origens da Igreja. De acordo com essa ideia, o cristianismo surgiu como um movimento não estruturado, ou estruturado muito vagamente, de entusiastas reunidos ao redor de uma figura carismática. Depois de sua morte, o entusiasmo foi mantido pela convicção de alguns membros importantes de que ele ressuscitara dos mortos e logo voltaria para anunciar os últimos tempos. Não tendo ele voltado depois de um período razoável, esses mesmos membros começaram a organizar o movimento no que acabaria sendo a Igreja cristã, com estruturas, sacramentos e dogmas tomados de várias fontes externas. Pelo contrário, achamos que os elementos estruturais pertencem ao próprio ambiente original. Não precisavam ser inventados nem importados.

O cristianismo que surge de nosso estudo é bastante judaico em suas instituições, inclusive em seus sacramentos e dogmas. Nos últimos tempos, passou a ser comum dizer que Jesus era judeu, o que, naturalmente, é bem verdade, embora algumas conclusões enganosas tenham sido tiradas quanto ao real significado disso. Ao mesmo tempo, também é comum dizer que o cristianismo não é judeu, mas, na melhor das hipóteses, um híbrido com algumas "raízes judaicas", cuja divergência do judaísmo rabínico – que se supõe tacitamente como normativa – está toda do lado do cristianismo. Além disso, o que, então, é entendido como seus aspectos não judeus, em especial seus sacramentos e dogmas, é considerado originário do mundo helenístico, de religiões de mistério etc.

Ao contrário, achamos que os aspectos mais característicos do cristianismo, inclusive a Eucaristia, a Trindade e o sinal da cruz, são, *como instituições*, judaicos, apesar de seu sentido ter mudado. Se, na verdade, é possível demonstrar que este ou aquele elemento tem realmente origem no mundo helenístico, ele vem ao cristianismo por meio do judaísmo, ao qual já estava adaptado. A inovação do cristianismo consiste em um único ponto, embora importantíssimo: é a proclamação de que, por meio da morte e ressurreição de Jesus, o mundo já recebeu o julgamento divino e há uma nova criação.

Do mesmo ou de um ambiente judaico sectário similar do século I, surgiu o que se tornou duas religiões: o cristianismo, que se proclamava a realização universalista do judaísmo, e o judaísmo rabínico, que se proclamava representante da nação. Segue-se que a rixa histórica entre cristianismo e judaísmo – ou, mais precisamente, o judaísmo rabínico – é uma rixa de família. Mas essas rixas são as mais amargas. "Um homem tinha dois filhos...". "Dize ao meu irmão que reparta a herança comigo..." O livro do Gênesis foi escrito do ponto de vista de Isaac e Jacó; temos apenas vislumbres ocasionais de como Ismael e Esaú viam as coisas. O Novo Testamento reivindica uma herança que o Talmude nega implicitamente.

Capítulo 1
PONTOS DE PARTIDA

I. As fontes

Na primeira parte deste capítulo, examinaremos as fontes principais, cristãs e judaicas, de nosso estudo das origens do cristianismo. Primeiro, precisamos ser claros a respeito de alguns pontos gerais.

No caso de qualquer texto, fazemos uma distinção entre a composição e a publicação, isto é, o momento em que o texto foge ao controle do autor ou do grupo que o produziu. Antes de ser inventada a impressão, quando as cópias tinham de ser feitas à mão, podia-se dizer que um texto era publicado quando ficava disponível para ser copiado. Talvez isso significasse depositar uma cópia adequada na biblioteca pública ou entregá-la a um livreiro, um amigo, um patrocinador, ou outro indivíduo, que então a emprestava a outros para ler e copiar.

Outra distinção está na diferença entre a publicação de um texto e sua autoridade, diferença essa muitas vezes difícil de avaliar, pois a autoridade do texto deriva inicialmente da reputação dos responsáveis por ela. Entretanto, a certa altura o *próprio texto* pode passar a ser autorizado. Para os escritos bíblicos, houve um outro momento com sua canonização, isto é, sua incorporação à lista oficial de textos que foram reconhecidos como normativos e até inspirados. Por outro lado, não podemos excluir totalmente alterações e reelaborações depois da publicação, ou mesmo da canonização. Assim, o texto da Bíblia hebraica continuou a evoluir por muito tempo depois da tradução para o grego.

1. O Novo Testamento

a) Novo Testamento e querigma

Este não é o lugar para analisar as origens literárias dos vários livros do NT, e sim para estudar o uso que os primeiros cristãos fizeram dele. No fim do século II, Irineu descreveu e defendeu algo semelhante ao NT como o conhecemos. Portanto, a esse tempo, um conjunto de escritos cristãos era reconhecido com o prestígio de Escritura.

A posição anterior de autores cristãos era bem diferente. No início do século II, Inácio de Antioquia resume a atitude deles quando declara: "Para mim, o arquivo é Jesus Cristo; meus arquivos invioláveis são a sua cruz, sua morte, sua ressurreição, e a fé que vem dele" (*Carta aos Filadelfienses* 8). Assim, embora a composição dos livros que formam o NT já estivesse em andamento, ainda não havia nenhum ponto de referência *escrito* autorizado. Inácio fala muitas vezes de Cristo, mas refere-se a acontecimentos precisos apenas em declarações sucintas, que estão muito próximas do querigma primitivo, isto é, a proclamação da morte e ressurreição salvífica, ou que se parecem com as do Credo dos "Apóstolos". Ele está, portanto, em situação igual à de Paulo, que ele conhece como escritor, mas nunca cita. Por outro lado, ele está bem ciente do que é um texto normativo, pois conhece e cita o AT, que interpreta tipologicamente, afirmando desse modo a continuidade entre as duas alianças.

Quinze anos antes, Clemente Romano usou bastante o AT, bem livremente – e parece que a maior parte do tempo de memória. Às vezes ele atribuía a condição de Escritura a textos que depois se perderam ou a interpretações de passagens bíblicas. Como Escritura cristã, ele conhece quando muito a Primeira Carta de Paulo aos Coríntios e recorda o contexto de crise em que ela foi escrita. Refere-se muitas vezes à salvação em Jesus Cristo, mas, como Inácio, sem jamais aludir aos fatos da vida de Jesus. Uma única vez ele cita palavras de Jesus (*Carta aos Coríntios* 13,2), mas o dito não é conhecido com essa forma no NT; assim, para Clemente, não há nenhum texto *oficial* (embora naturalmente isso não exclua a existência de alguns documentos). Ele só fala de Jesus mediante o AT. Assim, ao falar de Cristo como o servo sofredor, ele não faz nenhuma referência à vida dele, mas usa apenas uma passagem bíblica de Is 53,1-12 (como faz Hb 10,5 com o Sl 40,7).

Essa ausência de escritos cristãos normativos confirma-se pelas formas nas quais o Evangelho foi transmitido. A *Didaqué* ou *Instrução dos Doze Apóstolos* incentiva o respeito por aquele que anuncia a Palavra de Deus (4,1), recomenda a companhia dos santos, que são testemunhas fiéis, e adverte contra falsos mestres. Policarpo fala da fidelidade à palavra transmitida pela tradição desde o início e que possibilita refutar os que negam a encarnação. Para o *Pastor* de Hermas, os falsos profetas só são descobertos pelo seu modo de vida. Pápias, bispo de Hierápolis no tempo de Inácio e Policarpo, é conhecido apenas por intermédio de Eusébio (*História Eclesiástica* 3,39,1-7), segundo quem Pápias procurou obter informações a respeito das *palavras* dos apóstolos que são citados, mas sem indicar nenhum evangelista; Pápias afirmava que a tradição oral lhe era mais útil que qualquer dos escritos. Desse modo, Eusébio confirma as fontes diretas, e seu testemunho a respeito de Pápias é mais significativo porque ele desaprova o que considera ser falta de respeito desse autor pelo NT.

Com Justino, em meados do século II, as coisas mudaram. Segundo a *I Apologia* 67,3, os livros a respeito de Jesus, citados como "memórias dos apóstolos", são lidos, juntamente com os escritos dos profetas, na assembleia de domingo. O novo estado de coisas tem duplo aspecto: há agora textos cristãos de referência e Justino, embora ainda dê sua adesão à primazia do querigma tradicional (oral), faz muitas alusões à vida de Jesus, esforçando-se para situar seus ditos em um contexto narrativo. Entretanto, as citações não correspondem exatamente aos evangelhos como os conhecemos, e essas "memórias dos apóstolos" parecem ser uma concordância evangélica em uma forma mais primitiva que a atestada no *Diatéssaron* de Taciano; os elementos que a compõem vêm dos evangelhos canônicos, mas em uma etapa arcaica de seu desenvolvimento. Em *Diálogo com Trifão*, o termo "Escritura(s)" designa sempre o AT, que está no centro do debate. Entretanto, Justino interpreta-o por meio de tradições evangélicas de vários tipos: coletâneas de ditos de Jesus, mas sem contexto; episódios obviamente inspirados pelos relatos evangélicos, concernentes, em especial, a João Batista, à natividade e à paixão; referências explícitas às "memórias" que, segundo Justino, Trifão, apesar de ser judeu, poderia ter consultado. Em comparação com os autores que o precederam, Justino atesta dois fatos notáveis. Um é a existência de escritos cristãos que são reguladores, embora ainda não tenham a proeminência de Escritura incontestável (e não está claro até onde, em termos de território, sua autoridade se estende). O outro é a ausência completa de qualquer referência a Paulo ou aos Atos, o que sugere que o cânon ainda não havia sido estabelecido.

De tudo isso fica evidente que o surgimento de escritos cristãos autorizados, distintos das obras de cristãos individuais, foi bem depois da transmissão oral do querigma. Esse ainda é o estado das coisas na época de Ireneu. Para ele, a tradição tem quatro fases, que é preciso distinguir com cuidado: os profetas anunciaram, Cristo estabeleceu, os apóstolos transmitiram e a Igreja transmite para o mundo todo (*Demonstração da pregação apostólica*, 99). Os três primeiros temas designam as três classes de escritos na ordem bíblica costumeira: AT, evangelhos, cartas. Na obra *Contra as heresias*, Irineu pensa em termos de uma estrutura que é alternadamente binária (AT/NT), de acordo com a tradição da exegese tipológica, e ternária, mostrando a diferença entre o Senhor e os apóstolos, isto é, entre os evangelhos e o resto do NT. Entretanto, o texto escrito não é tudo para ele, pois Irineu acusa Marcião de manipular os textos evangélicos ou de simplesmente dar demasiada atenção a detalhes, em detrimento de uma visão global do Evangelho único, em relação ao qual os quatro livrinhos chamados evangelhos são apenas aspectos individuais (*Contra as heresias* 1,27,2). É desnecessário dizer que seu protesto contra o abuso da palavra escrita pressupõe que existiam textos autorizados.

Por trás desses debates e hesitações está um problema fundamental. Se Jesus é considerado primordialmente mestre, então o que ele ensinou e os fatos principais de sua vida são da maior importância. Por outro lado, se a ênfase é colocada no querigma, com a proclamação da cruz e da ressurreição em seu centro, então a biografia de Jesus assume menos importância; naturalmente, isso não exclui outras recordações do ministério de Jesus, até mesmo precisas. O longo tempo que os evangelhos canônicos levaram para surgir sugere que era considerado perigoso *publicar* a biografia de Jesus. Observe que, no tempo de Justino ou Irineu, os evangelhos haviam sido compostos recentemente. Desde os tempos mais primitivos havia, sem dúvida, documentos escritos, mas eram notas particulares, o que explica por que seus textos permaneceram um tanto instáveis durante todo o século II. É bem possível que a *harmonia* atestada por Justino fosse sinal de uma primeira tentativa (infrutífera) de publicar um texto de referência, pelo menos para uso interno, em forma de síntese de notas veneráveis que possuíam autoridade apostólica. Em todo caso, os documentos que resultaram nos evangelhos canônicos continuaram a evoluir depois que a harmonia foi alcançada.

Essas observações levam a consequências úteis para nossa tarefa, que é identificar o ambiente do qual os apóstolos saíram em missão. Primeiro, se tem primazia o que é falado e ouvido, não o que é escrito, seguem-se relações de mestre e discípulo e, portanto, questões de obediência. O ato de escrever, por sua vez, também subentende um controle, daí as várias etapas de canonização ou revisão de textos; durante esse processo, traduções antigas talvez escapassem à revisão e, assim, testemunham um estado mais primitivo do texto grego. Finalmente, quanto às biografias de Jesus, isto é, os evangelhos, sua publicação supõe que estejam de acordo com o querigma – em outras palavras, que o Jesus que o leitor encontra ali não seja apenas o Mestre, mas o Ressuscitado. Isso significa que eles passaram por uma reelaboração inspirada pelo anúncio da cruz e da ressurreição, embora o Mestre tenha deixado sua marca no texto.

b) Os Atos dos Apóstolos

Os Atos dos Apóstolos são uma das fontes mais importantes para o estudo das origens cristãs. Surgem questões interessantes a respeito do texto. De fato, parece haver duas formas relativamente distintas do livro todo. Uma delas é conhecida desde o século XVIII como o "Texto ocidental" (doravante TO), pois dois de seus principais testemunhos – um importante manuscrito grego (*Códice de Beza*, citado como D) e a antiga tradução latina – têm origem ocidental. Outros testemunhos fidedignos desse tipo de texto são versões antigas em siríaco, copta e etíope. Também se encontram interpretações de um tipo ocidental em antigos livros litúrgicos e nos escritos de alguns Padres da Igreja, em especial Irineu. Portanto, o nome "Texto ocidental" dá uma ideia errada, mas continuaremos a usá-lo por sua conveniência. O outro tipo de texto, cujo testemunho principal é o *Códice Vaticano* (ms. B), chama-se adequadamente "Alexandrino" (doravante TA). As distinções que há pouco fizemos entre composição, publicação e canonização possibilitam ver como dois tipos de um só texto permaneceram juntos em circulação, mesmo em um ambiente razoavelmente restrito, em que o texto era considerado autorizado, mas ainda não definitivo.

A relação entre esses dois tipos de texto é há muito assunto de especulação. Já no século XVII, foi sugerido que Lucas publicou duas edições dos Atos. Hoje, muitos estudiosos afirmam que o TO deriva do TA e originou-se essencialmente de glosas explicativas (o ms. D é mais longo que o texto padrão apresentado pela maioria dos manuscritos gregos). Entretanto, esse consenso foi contestado, principalmente por dois estudiosos dominicanos franceses, M.-E. Boismard e A. Lamouille, que tentaram restaurar o TO não apenas a partir do *Códice de Beza*, mas também de outros testemunhos que frequentemente parecem traduzir ou citar um texto grego mais primitivo que o apresentado pela maioria dos manuscritos gregos.

Eles argumentam que esse texto restaurado representa o livro dos Atos conforme Lucas o escreveu; o TA, ao contrário, resulta de uma importante revisão da versão mais primitiva.

No decorrer de nossa investigação das origens cristãs, a comparação direta entre o TO restaurado e o TA dos Atos mostrar-se-á altamente proveitosa. Muitas diferenças pequenas, facilmente ignoradas ou consideradas meras casualidades da transmissão textual, adquirem um novo interesse quando consideramos o TO mais primitivo, ao passo que a hipótese contrária vê nelas apenas variações insignificantes ou marcas de descuidos na revisão. Em especial o TA, considerado uma revisão final, sugere como os Atos foram reelaborados para serem adaptados às realidades de um período mais tardio da vida da Igreja ou às ideias que a Igreja tinha de seu passado. Ao percorrer a linha de sucessivas reelaborações da narrativa, podemos até conseguir recuperar alguns elos perdidos na história das origens do cristianismo.

2. Documentos de Qumran e textos rabínicos

Essas duas coleções são muito diferentes uma da outra. Entretanto, elas têm uma coisa em comum: não se destinavam à publicação. No caso de Qumran, há uma seita reformadora com acesso rigorosamente controlado. Entre os rabinos, a ênfase está na tradição oral e, assim, no relacionamento entre mestre e discípulo. Vale a pena mencionar que toda a literatura rabínica é bastante ininteligível para o *leitor* despreparado, mesmo que ele tenha a melhor boa vontade do mundo: ela pressupõe um ensinamento oral. Poremos esse aspecto comum, a saber, o ensinamento esotérico, em um contexto depois de darmos uma olhada nos dois grupos, um de cada vez.

a) Os documentos de Qumran

Josefo descreve os essênios como um partido entre outros no judaísmo. Vista de dentro, sua intenção é ao mesmo tempo mais precisa e mais ambiciosa. Na *Regra da Comunidade* (1QS), encontrada em Qumran, os membros devem afastar-se de gente perversa e começar indo ao deserto a fim de redescobrir a prática dos "preceitos primitivos" (8,1-16a e 9,3-10,8a); trata-se, assim, de uma volta às fontes, isto é, à dádiva da Lei no deserto do Sinai. Ao mesmo tempo, é realçado um lado esotérico: as doutrinas devem ser ocultas dos homens da iniquidade (9,12ss), isto é, de quem quer que não faça parte do grupo. A crença de que só a comunidade tem a verdadeira Aliança (5,8.20; 6,15) era expressa na adoração litúrgica, que tinha uma dimensão escatológica, como no *Apêndice à Regra* ou *Regra da Congregação* (1QSa) e no *Rolo do Templo* (11QT).

A prática determinada é definida em relação à Lei de Moisés, mas é intermediada pelo "que os profetas revelaram pelo Espírito Santo": a comunidade – e só ela – tem a interpretação inspirada, em continuidade com os profetas. Em outras palavras, a Lei é formada por dois ramos: leis que são claras e transparentes, explícitas na Escritura e acessíveis a todos, e leis que estão ocultas e só são interpretadas corretamente pela comunidade. A interpretação em questão é, na verdade, *escriturística*, mas divinamente inspirada, e leva em conta circunstâncias variáveis. Essas leis permanecem internas e transmitem-se pelos mestres, por isso não são, falando no sentido exato, publicadas. Isso significa que os textos encontrados nas grutas perto de Qumran devem ser considerados essencialmente memórias particulares e incompletas, não obras publicadas, o que explica por que muitos dos documentos não bíblicos entre eles não parecem produtos acabados. Mesmo assim, foram preservados com cuidado, o que demonstra a importância atribuída a eles. Finalmente, entre os compromissos solenes assumidos pelos que eram admitidos pelos essênios como novos membros, segundo Josefo, está o juramento de não divulgar nada a respeito da comunidade (*G.J.* 2 §141).

O elemento central para o qual convergem os preceitos apropriados para o grupo é a "pureza", que nada mais é do que uma refeição comunitária consumida em condições de pureza muito rigorosas. Da mesma maneira, os antepassados da tradição rabínica definem-se por comer alimento profano em estado de pureza levítica, o que proporciona um elo intrínseco que desenvolveremos mais adiante.

b) Os textos rabínicos

Na tradição rabínica, a Torá, que é para "todo o Israel", consiste no texto escrito e na tradição oral, que têm respectivamente suas duas colunas no Pentateuco e na Mixná. O propósito fundamental da Torá e dos preceitos é a aceitação do "jugo do reino do céu" e do "jugo dos mandamentos", que *libertam* do jugo da natureza. O início do tratado *'Abot* expressa o ponto de partida: "Moisés recebeu a Torá do Sinai e a transmitiu...". Assim, o Sinai aparece como o começo absoluto da instrução escrita e também da instrução oral.

Há quem considere a Torá oral um comentário da legislação do Pentateuco. Entretanto, essa ideia é enganosa. A Torá oral originou-se de uma tradição não escrita que só mais tarde foi relacionada à Bíblia; a própria tradição rabínica reconheceu que nem todos os ramos da Torá oral são igualmente bem fundamentados na Escritura. Tendo ambas posição igual, a distinção entre a Torá escrita e a Torá oral aparece claramente pela primeira vez com Hilel e Shamai, um pouco antes de Cristo. É o período em que, também segundo a tradição rabínica, começam as controvérsias internas. Em nenhum lugar os doutores são considerados "inspirados", exceto talvez coletivamente.

A unidade interna da Torá encontra expressão somente na singularidade de Deus, que a deu. Em nenhum lugar ela é expressa em termos de coerência *lógica*, o que equivaleria a subordinar Deus ao pensamento humano racional. Fora da homilética, não há sinal de nenhuma tentativa de reduzir tudo a princípios simples, nem mesmo ao Decálogo (os Dez Mandamentos) que é, apesar disso, o documento da Aliança do Sinai (ver Ex 19–20). Segundo a tradição, a Torá contém 613 preceitos; eles não estão especificados, mas é importante mencionar que não estão organizados em ordem hierárquica.

As diferenças entre os rabinos e os essênios são óbvias. Contudo, o método de transmitir ensinamento que é apropriado aos tanaítas, os primeiros transmissores da tradição rabínica, permite fazer uma comparação. O conjunto de leis orais, ou a Mixná em sentido amplo, é conhecido desde o século III na forma escrita. Nos primeiros séculos de nossa era, a Mixná não devia ser escrita; contudo, ficamos sabendo que os doutores anotavam para uso próprio a Mixná toda ou parte dela. Seus ensinamentos foram postos no domínio público, pelo menos dentro da academia, o que equivalia a uma publicação oral: depois de organizados, eram memorizados e transmitidos por "repetidores" (*Tannaim*).

3. *Fílon e Josefo*

A vida de Fílon e Josefo estende-se pelo século I da era cristã. Um era filósofo, o outro historiador, mas o que tinham em comum era a intenção de difundir o conhecimento público da Escritura devidamente provida de comentários, isto é, divulgar uma tradição sem nenhum controle sobre o leitor. Nos dois casos, o autor era importante e bem conhecido, mas nenhum deixou um seguimento que lhe possa ser atribuído.

a) Fílon de Alexandria (+ 45 d.C.)

As expectativas de Fílon eram muito diferentes das dos primeiros cristãos. Para ele, a Bíblia, ou mais exatamente o Pentateuco, não é antes de tudo um código, e sim um livro de filosofia que dá acesso à verdade que existe no mundo das ideias. A Lei de Moisés, ou *nomos*, é a lei do mundo e tem a unidade de um discurso racional, ou *logos*; por essa razão começa com a criação. Essa visão tem raízes estoicas, mas está ligada à utopia de uma cidade ideal futura. Nesse sentido, Fílon é herdeiro do helenismo, que, desde o tempo de Alexandre Magno, buscava reduzir o campo de influência do "barbarismo" por meio da expansão cultural. Segue-se que só quem cumpre a Lei é verdadeiramente habitante do mundo, ou *cosmopolites*. Além disso, é necessário mostrar a unidade profunda da Lei, o que Fílon faz ao tentar remontar tudo ao Decálogo (percebemos imediatamente uma importante diferença da tradição rabínica). Fílon imagina a difusão da Lei de Moisés para o resto da humanidade por meio de ondas de emigração judaica e também, agora, de seus próprios escritos.

Essas imagens, já se vê, estão obviamente muito afastadas das expectativas dos primeiros discípulos de Jesus, que a princípio não tinham nem programa geral, como veremos mais extensamente. Sua missão expandiu-se somente por meio de oposição e perseguição, como mesmo a síntese final dos Atos (regida por 1,8) mostra claramente. Além disso, a ideia dos apóstolos não era difundir a Lei de Moisés (ver At 15,21), mas anunciar um acontecimento que se iniciou com os judeus. Por outro lado, é fácil prever como, durante uma fase de reflexão depois do princípio não planejado, Fílon seria de ajuda para interpretar a evolução do cristianismo.

b) Flávio Josefo (+ c. 100 d.C.)

No prefácio de *Antiguidades judaicas* (1 §3), Josefo explica que é necessário publicar certos fatos importantes que se devem conhecer, como os registrados na "biblioteca sagrada". O que essa biblioteca contém não é mitologia, embora remonte a um tempo muito anterior ao dos historiadores gregos (1 §§22s). Mas a Lei de Moisés não data de fato do princípio, pois apareceu em cena em um ponto muito mais tardio da história. No prólogo, Josefo esforça-se bastante para contornar a dificuldade de várias maneiras. Primeiro, ele invoca a antiguidade de Moisés, "nascido dois mil anos atrás, época tão remota que os poetas nem mesmo ousam remontar até ela o nascimento dos deuses, muito menos as façanhas dos homens e suas leis" (*Ant.* 1 §16). Depois dessa digressão, que aproxima Moisés do princípio e o coloca antes das civilizações conhecidas, Josefo explica que, de fato, a Lei e a constituição política que dela se originam são o fruto da meditação de Moisés sobre a natureza de Deus e suas obras.

Essa imagem combina bem com um rigoroso monoteísmo, mas deixa pouco espaço para qualquer coisa específica a Israel. Assim, há uma contradição a que Josefo não escapa: se Deus expressou-se inteiramente na criação, então noções de Aliança, promessa, eleição, que não são nada além de históricas, tornam-se problemáticas, e Josefo desiste calmamente delas. Em resultado, ao contrário de Fílon, ele não tem nenhum ensinamento a respeito da difusão da Lei pelo mundo todo e fica um tanto contrariado porque a melhor das constituições políticas, divinamente inspirada, não é a de Roma, o melhor dos impérios.

Josefo tem alguns contatos com o NT: o recenseamento de Quintino, as diferenças entre os fariseus e os saduceus, as revoltas de Judas, o Galileu e Teudas, Félix, Festo, Agripa, Drusila, Berenice etc. Esses contatos levantam a questão de algum tipo de dependência ou fonte comum, mas não escondem o fato de sua perspectiva ser muitíssimo diferente, pois ele deixa de lado qualquer noção de revelação histórica e sistematicamente desconsidera tudo o que tem a ver com messianismo.

Fílon e Josefo insistem no ensinamento e no estudo da Lei. Josefo menciona várias vezes que uma das características dos fariseus é a observância dos "costumes dos antepassados", que não se originam da Escritura, e declara ser ele próprio ligado a esse partido. Porém, quando comenta a Lei, a única autoridade que ele indica é a Bíblia. Para ser exato, ele menciona muitos costumes não bíblicos, alguns dos quais encontram-se na tradição rabínica, mas jamais sugere ter outra fonte além da instrução escrita. Uma razão para essa atitude talvez seja o desejo de mostrar que a Lei judaica é realmente antiga, mas ao mesmo tempo clara e acessível a todos, sem nenhum domínio esotérico (ver *Ant.* 3 §318).

Quanto a Fílon, ele primeiro observa que os patriarcas anteriores a Moisés são encarnações da Lei: o verdadeiro sábio é o que sabe governar sem depender de nenhum texto escrito, isto é, sem nenhum preceito externo. Moisés é a um só tempo rei, sacerdote e profeta, ou mesmo uma "lei viva dotada de fala". Em outras palavras, para Fílon, a "Lei não escrita", universal e em conformidade com a natureza, é inata e não vem de fora, por meio da tradição. Esse conceito é o contrário da importância fundamental atribuída à tradição oral pelos fariseus ou rabinos, que é não só positiva, mas também inacessível fora do relacionamento entre mestre e discípulo.

4. Conclusões

Por meio dos critérios de publicação e publicidade, esses breves relatos mostram uma diferença muito clara entre Fílon e Josefo por um lado, e essênios e tanaítas por outro. É realmente uma diferença de *natureza*, mais importante que quaisquer acordos ou desacordos a respeito do conteúdo. De fato, por trás da questão de ensinamento oral ou publicação, está outra: na Bíblia, a criação é fundamentalmente obra de separação e organização, e a manutenção de limites claros é essencial para as noções de eleição e Aliança. Até mesmo traduzir a Bíblia apresenta um problema sério. Desse ponto de vista, a obra de Fílon e Josefo pertence a um novo tipo de literatura (apologética), quer filosófica, quer histórica. Eles dirigem-se a todos os que os queiram ler, com a ideia bastante clara de que a Lei de Moisés, sendo a melhor de todas, deve ser conhecida e deve inspirar todo legislador.

Em compensação, considerados juntos, os essênios e os rabinos, com seu ensinamento oral, são mais tradicionais, pois salientam o relacionamento entre mestre e aluno (apoiados pela repetição no decorrer do culto, onde o *Shema' Israel* já inicia o programa; ver Dt 6,4ss). Seu aspecto característico é levar o ensinamento oral a um limite absoluto; a única instrução que existe é oral, e não deve ser divulgada para círculos de fora.

Em que categoria devemos colocar o NT? Depois de estabelecido o cânon, ele se torna um livro, público em posição legal e em conteúdo, com uma mensagem para todos. Parte de seu conteúdo consiste em legislação, o que pressupõe uma sociedade (o reino) com limites bem definidos, dentro dos quais "tudo o que ligares será ligado, tudo o que desligares será desligado" (cf. Mt 16,19 e 18,18). Por outro lado, no prólogo lucano, Teófilo não é apenas qualquer leitor, mas membro da comunidade que ouviu o anúncio; assim, o que é colocado diante do público é uma literatura que era originalmente interna. Na fase final de desenvolvimento, é apropriado fazer certa comparação com Fílon e Josefo. Entretanto, nas primeiras gerações (pelo menos até Irineu), o aspecto oral predominava: não só Jesus não escreveu nada, mas sua biografia permaneceu subordinada ao anúncio.

O aspecto oral do cristianismo perdurou depois que o movimento tornou-se acessível aos gentios, mas isso não significa que fosse secreto. Embora ainda não houvesse uma biografia oficial de Jesus, os cristãos escreviam a respeito de suas responsabilidades, e seus escritos – não só as cartas neotestamentárias, mas também muitos outros textos – eram distribuídos, aparentemente, sem restrições. Nas *Apologias*, Justino chega a dirigir-se ao imperador Antonino, ao Senado e a todo o povo romano. O ensino era público e oral, com algumas precauções em tempo de perseguição. Certamente não havia nenhum *arcanum* cristão comparável ao culto secreto dos mistérios; só no século III a organização do catecumenato acarretou uma diferença de publicidade na pregação e no culto, sendo apenas os iniciados admitidos ao conhecimento dos costumes. Por outro lado, deve ser feita uma distinção entre a pregação para todos e as atividades próprias da comunidade, pois está claro que, desde o começo, o acesso aos ritos era protegido, como veremos mais adiante.

Finalmente, vale a pena mencionar que o NT, como o temos, e em especial os evangelhos, depende inteiramente daquele ramo de discípulos de Jesus, reunidos em torno de Pedro e Paulo, que se concentra no querigma da ressurreição. Os Atos dos Apóstolos preservaram alguns traços de outros grupos: Apolo e os discípulos de Éfeso, que só conhecem o batismo de João, representam pelo menos outra corrente, que deve ter perdurado com seu ensinamento próprio; uma observação semelhante pode ser feita quanto à questão de Tiago, a quem até mesmo Pedro presta contas.

Pouco sabemos quanto à história mais tardia dos fiéis judeus, mas sua biografia de Jesus (o *Evangelho dos hebreus*), que aparentemente não foi publicada, apresentava uma imagem um tanto diferente da que conhecemos, embora os fatos relatados fossem mais ou menos os mesmos. Há sinais dessa imagem no NT, mas eles foram quase suprimidos por uma redação final que tem orientação diferente. Sinais semelhantes encontram-se também nas Igrejas orientais, que se consideram herdeiras de Judas, Tomé etc., embora nada no NT nos leve a suspeitar disso. Voltaremos a alguns desses pontos no capítulo 5.

II. Dois episódios intrigantes

O que vimos na seção anterior deixa claro que os evangelhos não são o melhor lugar para procurar as origens do cristianismo, quer dizer, o que aconteceu depois de Jesus sair de cena. Surgiram duas razões para isso: a demora para *publicar* a biografia de Jesus e o silêncio quase total a respeito de ritos e estruturas. Entretanto, nos Atos, encontramos dois episódios que evitam essas ciladas e permitem-nos vislumbrar o ambiente revelado pelos primeiros passos dos apóstolos.

1. Pedro e Cornélio

Esta passagem famosa é com certeza importante, devido à extensão e às repetições, considerando que os outros poucos episódios da missão de Pedro repetem-se apenas resumidamente. Esta narrativa (At 10,1-48) fala da visita a um gentio, algo novo e arriscado, pois depois Pedro tem de justificar-se (At 11,1-18) e não pode recorrer a uma tradição que remonte a Jesus. Essa simples observação acende a esperança de que o acontecimento elucide o ambiente da comunidade primitiva *e* do horizonte de Jesus.

Esta narrativa contém alguns aspectos notáveis:

1. O livro dos Atos atribui o primeiro movimento em direção aos pagãos a diversas causas: aqui, a Pedro (tendo como precursor Filipe, na Samaria e com o etíope, em At 8); a pregadores anônimos, que vieram de Chipre e Cirene para Antioquia (At 11,20, segundo o TO); a Paulo, e em diversas ocasiões, em Antioquia da Pisídia (At 13,46), em Corinto (At 18,6) e em Roma (At 28,28). A narrativa de Pedro e Cornélio é uma espécie de paradigma de toda a evolução.

2. A apresentação de "Cornélio, centurião da coorte chamada Itálica. Era um homem religioso e temente a Deus, com toda sua casa. Dava muitas esmolas ao povo" (At 10,1-2) mostra um indivíduo importante da melhor categoria, o mais próximo possível do judaísmo, mas que, como pagão, está separado por uma barreira que não pode ser transposta. Assim, é altamente significativo – e aumenta os limites de probabilidade – pôr no centro da cena um oficial do exército de ocupação que, como tal, professa um culto do imperador incompatível com o judaísmo (ver Mt 8,8 par.) e fazê-lo converter-se diretamente ao cristianismo, sem primeiro passar pelo

judaísmo, por meio da circuncisão. A objeção dos fariseus (At 15,5) é relevante para um caso extremo.

3. O Espírito mostra-se claramente no início e no fim da narrativa: na partida de Pedro para Cesareia e na casa de seus anfitriões. Mais tarde, ele diz aos irmãos (At 11,15) que reconhece ter a mesma coisa lhes acontecido "da mesma forma" como para "nós no princípio". Assim, há uma comunhão entre "eles" e "nós". Em At 4,31, os apóstolos ficam cheios do Espírito enquanto estão reunidos, mas sem nenhum vínculo cronológico identificável com Pentecostes. Nessa ocasião, eles recebem uma certeza que os torna capazes de anunciar a ressurreição de Jesus como um acontecimento que abala os alicerces.

4. De fato, a ressurreição de Jesus significa interferir seriamente com limites, pois a separação necessária entre a vida e a morte, representada respectivamente pelos puros e os impuros, fica comprometida. É comparável à violação pressuposta na comunhão de Pedro com os pagãos (impuros) e é até seu modelo, pois é provocada pelo mesmo Espírito. Em outros episódios, o Espírito manifesta-se por "línguas", fenômeno ambíguo que representa a subversão das regras de linguagem (contrassenso, bebedeira; ver At 2,12s) ou comunicação além das barreiras linguísticas. Na verdade, o terremoto de At 4,31 introduz uma dimensão cósmica, e o problema todo é saber se essas transgressões são uma volta ao caos primitivo anterior à criação, ela mesma um ato de separação e organização, ou se são comparáveis a uma nova criação (ver Gn 1,2: "e o Espírito de Deus pairava sobre as águas"). A visão de Pedro de *todos* os animais provém de uma ideia similar: a criação em sua diversidade, mas sem separação entre puros e impuros.

5. A reação de Pedro à manifestação do Espírito é mandar que os pagãos fossem "batizados". À primeira vista, isso parece apenas uma ordem para irem ao banho ritual. Mas, então, o que significa esse gesto? Eles já têm o Espírito, pelo que são considerados puros, e Pedro fica para comer com eles. Quando pergunta "Podemos por acaso negar?", ele responde implicitamente à objeção de que o batismo é impensável para essa gente. Evidentemente, isso acontece por eles não serem judeus, pois os fariseus convertidos exigem que esses pagãos sejam circuncidados. Portanto, está claro que os recém-chegados ao grupo ao qual Pedro está acostumado, a saber, os judeus, são batizados. Em outras palavras, o batismo assinala a entrada no grupo.

No incidente em Cesareia, o batismo é "em nome de Jesus", o que subentende que o gesto de imersão pode ter mais de um significado. Mas se o que é citado aqui não passa de um ato isolado de imersão sem mencionar um oficiante, não é fácil perceber em que sentido realiza-se "em nome de Jesus".

A questão fundamental é realmente muito mais ampla. Precisamos ver se o termo "batismo" usado aqui não se refere de fato a todo um procedimento, com certo número de passos e ritos e, nesse caso, a ordem de Pedro equivale à admissão dos membros da casa como candidatos para seguir esse caminho. Em todo caso, o que Pedro tem a dizer nos leva a prestar muita atenção à natureza do batismo de João, principalmente porque o próprio Jesus batizava, bem como pelo menos alguns de seus discípulos (ver Jo 3,22). Qual é a ligação entre o batismo recebido e conferido por Jesus e seus discípulos e o batismo "em nome de Jesus"?

6. A única categoria bíblica na qual o batismo (imersão) se encaixa é a purificação. Para a tradição rabínica, há uma impureza inerente aos pagãos que tem a mesma força que a impureza do homem com um corrimento venéreo; espalha-se pelo contato, e o que ele toca também fica contaminado (ver Lv 15,1-18). Isso é grave e de um tipo que é invariável e não depende de nenhuma contaminação específica como a de um cadáver (ver *TOhol* 1,4). A tradição está ciente de que essa impureza não tem origem bíblica (*TNida* 9,14). É importante observar que encontramos o mesmo princípio entre os essênios (1QM 9,8s) e em Mt 18,16, em que, quando advertências formais são ignoradas, o ofensor teimoso é excluído da comunidade: ser tratado como "um pagão ou um publicano" significa ser impuro, de modo que todo contato é impossível. Essas noções são completamente opostas às ideias de Fílon e Josefo, que nunca mencionam qualquer impureza ligada aos pagãos como tais.

Quanto a entrar na casa de um pagão, mesmo sem tocar em nada, a Mixná (*MOhol* 18,7) explica que é proibido, porque é presumível que fetos foram enterrados debaixo do piso ou nas paredes, e sob um teto, a impureza de um cadáver espalha-se por convecção, mesmo sem contato (generalizando Nm 19,14-15).

De tudo isso deduzimos que, no ambiente original, Pedro e os irmãos não tinham em absoluto nenhuma ideia de proselitismo entre os pagãos: foi preciso o ímpeto do Espírito para derrubar as barreiras. Quanto à conversão ao judaísmo, os fariseus (em nossa narrativa) a permitem, desde que se exija a circuncisão dos pagãos que se tornam cristãos (talvez como o menor de dois males). Mas não é certo que Pedro e seus companheiros tenham dado sua permissão espontaneamente, o que explica por que sua reação não foi circuncidar os neófitos.

Mas podemos ir além. O fato de *judeus* recém-chegados ao grupo serem admitidos por um rito de batismo significa que antes também eles eram impuros. Pelo menos neste contexto, a circuncisão não foi tomada em consideração ou não era suficiente.

2. *A noite em Trôade*

Qual era o significado de "a fração do pão", que ocorre periodicamente nos Atos como atividade regular da comunidade? Esse rito não está descrito em nenhuma passagem, mas há uma que fornece detalhes: a noite de vigília em Trôade na Ásia Menor (At 20,7-12), quando Paulo devolve a vida ao jovem Êutico, que caiu da janela do terceiro andar. A passagem tem sido ligada à terceira viagem missionária de Paulo, centralizada em Éfeso (ver também At 16,8-11, que trata de sua segunda viagem). Eis uma tradução literal, que mostra algumas variações textuais interessantes:

(20,6) Quanto a nós, zarpamos de Filipos depois dos dias dos Pães Ázimos, chegamos a Trôade em cinco dias e ali permanecemos sete dias. (7) No primeiro dia da semana, enquanto estávamos reunidos para a fração do pão, Paulo conversava com eles, antes de partir no dia seguinte; ele prolongou a palestra até o meio da noite. (8) Havia muitas lâmpadas (o TO traz *luzes*) *na sala superior onde nos tínhamos reunido. (9) Um jovem chamado Êutico, sentado na beira da janela, vencido por um sono pesado enquanto Paulo falava, caiu do terceiro andar, e quando o levantaram, estava morto. (10) Paulo desceu, lançou-se sobre ele e tomando-o nos braços disse: "Não vos preocupeis, sua alma* (ou *sua vida*) *está nele". (11) Depois de subir de novo, partiu o pão, comeu e falou bastante até o alvorecer, então partiu.*

(12)	TO: (12) *Enquanto todos se abraçavam,*
Levaram o jovem vivo e sentiram-se imensamente reconfortados.	*ele levou o jovem vivo e eles sentiram-se imensamente reconfortados.*

Diversos aspectos desta narrativa exigem um comentário:

1. Exatamente como Pedro ressuscitou Tabita, a discípula de Jope (At 9,36-42), também Paulo ressuscita Êutico, com muitas conotações bíblicas. Como no caso do anúncio aos pagãos, os dois apóstolos ficam em condições iguais. Há comentaristas que associam a ressurreição de Êutico à fração do pão no primeiro dia da semana, para comemorar a ressurreição de Jesus. Mas qual é a origem desse rito? Não é fácil ver como chegamos à assembleia em Trôade a partir das narrativas da Última Ceia nos evangelhos sinóticos. Ali o ambiente é o da Páscoa judaica. Jesus anuncia sua morte e, à primeira vista, não há nenhuma ligação com a ressurreição no primeiro dia da semana. O único elemento comum é a fração do pão, e o problema é ver como esse gesto pode ter derivado da refeição anual da Páscoa judaica, mesmo supondo que o pão em questão é ázimo. Como as demais ocorrências da "fração do pão" não dão nenhum outro esclarecimento, o problema terá de ser examinado no próximo capítulo, da perspectiva da Última Ceia.

2. O episódio tem lugar na noite do primeiro dia da semana, isto é, entre o sábado e o domingo. O texto final da noite em Trôade menciona a presença de muitas "lâmpadas" (v. 8), um estranho detalhe isolado, já que nada mais é dito a respeito da sala. Em vez disso, o TO fala de "luzes", no sentido de janelas altas ou claraboias, o que tem alguma ligação com a narrativa, já que Êutico cai de uma janela. Por que a mudança, que só torna o relato menos coerente?

De fato, as lâmpadas no sábado à noite têm realmente um sentido bem comprovado no contexto judaico. Os satiristas latinos (Sêneca, Pérsio Flaco) censuram a inatividade e as lâmpadas que exalam fumaça na comemoração do sábado entre os judeus de Roma. Eles não se referem ao acendimento de lâmpadas na sexta-feira à noite, pois os romanos contavam o dia de meia-noite a meia-noite e, em todo caso, os judeus só acendiam lâmpadas antes do início do sábado, pois não podiam prepará-las mais tarde. Assim, não havia nada de especial em terem as casas iluminadas na sexta-feira à noite, talvez mesmo por um tempo mais breve que de costume. Pelo contrário, para explicar a ira dos críticos romanos, eles devem ter notado que as casas dos judeus ficam mais iluminadas e por mais tempo que de costume – com ou sem fumaça – no sábado à noite. Em outras palavras, segundo a versão final dos Atos, em um contexto de vigília prolongada, as muitas lâmpadas em Trôade coincidem com o que se via em Roma. A tradição rabínica (*MBer* 8,5) conserva o preceito de acender lâmpadas no sábado à noite, no fim do dia de descanso, com uma bênção que menciona o primeiro dia da criação (Gn 1,3).

3. Mas e as janelas altas ou claraboias da versão mais primitiva? Não há razão para mencioná-las na narrativa do que acontece à noite, a menos que, talvez, o grupo estivesse à espera do alvorecer, que é mencionado na narrativa. Ora, o episódio de que estamos tratando é precisamente uma vigília que dura a noite toda, pois Paulo só se retira de manhã, e não parece que ele tenha pressa, pois sua permanência foi de uma semana. Os terapeutas parecidos com os essênios a respeito dos quais Fílon escreve praticavam vigílias semelhantes e, na hora do nascer do Sol, viravam-se para leste e elevavam uma prece para o céu (*Sobre a vida contemplativa* 64-90). Os essênios de Josefo dirigem a primeira oração do dia ao Sol nascente (*G.J.* 2 §§128 e 148), costume que deixa os comentaristas intrigados. Esperar o Sol, principalmente na manhã do primeiro dia da semana (o dia da criação da luz), lembra a profecia de Zacarias a João Batista, que teria a tarefa de proclamar a visita "do Sol nascente vindo do alto" (Lc 1,78), imagem notável que evita cuidadosamente qualquer insinuação de veneração pelo Sol em si.

4. Depois da morte de Jesus, na sexta-feira 14 de Nisã, o domingo seguinte (o primeiro dia da semana), o dia da ressurreição, era também o dia da apresentação do primeiro feixe da colheita da cevada, o que, segundo Lv 23,11, é feito "no dia seguinte ao sábado". Paulo, que tem oportunidade de usar a metáfora das primícias (ver 1Cor 15,20), explica que a noite está quase passando e o dia vem chegando (Rm 13,1ss). Essas metáforas não são empregadas por acaso. Em nosso episódio, que é datado em referência à Páscoa judaica, mas ocorre em um fim de semana comum, o simbolismo do primeiro dia, repetido toda semana, prevalece sobre os sentidos simbólicos da Páscoa judaica anual, e voltamos, assim, à mesma questão que já vimos, a respeito da fração do pão.

Agora que abrimos caminho, vamos voltar a esse episódio intrigante, que poderia facilmente ser descartado como insignificante ou cômico. Ele certamente tem alguns aspectos estranhos. Êutico cai no meio da noite; contudo, só é devolvido vivo para os amigos e parentes de madrugada, quando Paulo se despede. Não há nenhuma tentativa de encobrir essa improbabilidade, que deve se relacionar com o rito celebrado durante a vigília. O rito consistia em duas fases principais: a fração do pão durante a noite e mais tarde, ao alvorecer. Ao rito estão sobrepostos a queda de Êutico, a palavra de Paulo anunciando que ele está vivo e, então, *mais tarde*, sua volta de madrugada. Assim, a história de Êutico ("Afortunado") é uma espécie de conto eucarístico: uma ação que expressa morte (fração do pão, paralela à queda de Êutico) ligada a uma proclamação de vida (a palavra sobre o pão e sobre Êutico) e, depois, o Sol nascente (ressurreição, volta de Êutico à vida, alegria apesar da partida de Paulo).

Essa estrutura é muito parecida com o que Paulo tem a dizer em 1Cor 11,26: "todas as vezes que comerdes deste pão (...) estareis proclamando a morte do Senhor, até que ele venha". Há um intervalo entre a morte, proclamada por um ato ritual executado à noite, e a volta marcada pela luz de um novo dia. Esse intervalo é bastante longo, como a volta do Messias em um futuro indefinido, ou muito breve, como a ressurreição na madrugada, que está para romper no primeiro dia da semana, como convém a um rito. Por outro lado, as lâmpadas que brilham no meio da noite, na versão final dos Atos, expressam ao mesmo tempo morte *e* ressurreição. Isso é muito parecido com a declaração final no relato dos discípulos de Emaús, que "o tinham reconhecido ao partir o pão" (Lc 24,35).

Finalmente, lida com "lâmpadas" e também "luzes", a narrativa talvez lembre ao leitor outras vigílias do sábado para o domingo, quer anuais, quer semanais, que começam com o acender das lâmpadas, continuam noite adentro, com uma celebração da Eucaristia depois da meia-noite, e terminam ao raiar do dia.

A narrativa de Cesareia nos permite ver que o batismo tem uma pré-história, ligada a um ambiente particular, um tanto fechado, em especial se ele não é necessariamente conferido "em nome de Jesus". A narrativa de Trôade, com seu ambiente muito realista, no qual elementos cósmicos e humanos combinam-se com aspectos que lembram os essênios, trata do sentido da "fração do pão". Esse rito expressa morte e ressurreição. Jesus está ausente da narrativa e não é nem mesmo citado, mas é substituído pelo jovem Êutico, que morre e ressuscita. Portanto, o rito não parece ser dependente da pessoa de Jesus e, assim, há novamente uma pré-história que precisamos pesquisar.

Capítulo 2
BATISMO E EUCARISTIA

O NT chama a atenção para diversas instituições judaicas, mas não nos conta como elas funcionavam. Esperava-se que o leitor as conhecesse. As instituições que caracterizavam os primeiros grupos cristãos são mencionadas de passagem e, às vezes, até dão um enfoque estrutural às narrativas, mas nunca estão definidas claramente. O NT não nos revela, por exemplo, como o batismo e a Eucaristia eram celebrados. O que devemos deduzir disso? Essas instituições eram de importância secundária e surgiam mais ou menos ao acaso, enquanto o essencial para os primeiros cristãos era proclamar o fim dos tempos, uma ética superior ou as qualidades excepcionais de Jesus? Ou, antes, as comunidades atribuíam importância fundamental a essas instituições, mas, talvez justamente por isso, não divulgavam como elas funcionavam?

A primeira explicação é geralmente a mais adotada. Contudo, o capítulo anterior apresentou dois fatos: está claro que essas instituições eram relevantes e grupos judeus marginais preferiam a transmissão oral e não divulgavam suas leis características. Entretanto, são justamente essas leis que aparecem nas narrativas. Partindo da hipótese de que o batismo e a Eucaristia são instituições importantes, neste capítulo vamos nos dedicar a uma espécie de investigação reveladora e procurar indícios que nos levem a essas realidades culturais e nos permitam entendê-las.

I. Batismo

Um bom lugar para iniciar a busca das origens do batismo cristão é com João Batista. Ele é figura tão conhecida dos leitores dos evangelhos que obviamente faz parte da cena. Na realidade, sua posição, fortemente realçada no prólogo do quarto evangelho, é bastante espantosa. Por que exatamente foi necessário João preparar o caminho para Jesus? No método adotado aqui, examinaremos gestos e costumes e, assim, não estudaremos a biografia de João como tal, mas apenas o que é pertinente ao batismo que ele pregou. Em seguida, examinaremos Jesus e o batismo e, finalmente, o batismo cristão no NT.

A pesquisa moderna do Jesus histórico concorda que Jesus foi batizado por João e que sua missão propriamente dita começou no momento em que se tornou sucessor de João, embora no devido tempo ele tenha feito alguns ajustes em sua mensagem e adotado um estilo um pouco diferente. Na verdade, parece que as coisas foram um tanto mais complexas, pois os evangelhos também conservam vestígios de outra maneira de contemplar Jesus e João, a saber, como figuras paralelas. Por um lado, Mt 3,2 e 4,17 ressaltam a continuidade entre eles. Fazem a mesma proclamação: "Convertei-vos, pois o Reino dos Céus está próximo", o que sugere um desenvolvimento no mesmo sentido. Mas também há simetria: os dois, Jesus e João, estão entre os que não são ouvidos, aparentemente pela mesma razão (Mt 11,16-19). Segundo Mc 6,14 e 8,28, Herodes Antipas e o povo pensam que Jesus é João que ressuscitou dos mortos; em Mc 9,11-13, o destino de João, reconhecido como Elias, é moldado no de Jesus, Filho do Homem e Servo Sofredor; em Mc 11,27ss, Jesus defende sua autoridade nos termos da de João ou, mais exatamente, de seu batismo. Segundo Lc 11,1-4, os discípulos de Jesus oram ou desejam orar, como os de João. O paralelo mais forte entre os dois está em Jo 2,22ss, onde consta que os dois estavam batizando ao mesmo tempo.

As diferenças entre Jesus e João levam muitos a concluir que, mais tarde, Jesus abandonou as práticas joaninas, em especial seu batismo. Contudo, não há nenhuma dúvida de que os primeiros cristãos, judeus e gentios, fossem batizados (At 2,38 etc.). Assim, a pergunta que surge é simples, embora os comentaristas se dividam quanto à resposta: o batismo cristão está ligado a João ou é criação, talvez restauração, de autoria das comunidades primitivas?

1. O batismo de João

No início de um estudo do "batismo de João", é útil examinar primeiro o vocabulário. O verbo grego *baptizein* é forma intensiva de *baptein*; o sentido geral é "imergir", quase sempre com uma acepção de "afogar, afundar", ou até "fazer perecer" (*G.J.* 4 §137). Quer empregado metaforicamente ou literalmente, predomina o sentido negativo, até em Fílon e Josefo, o que está atestado no NT (Mc 10,38-39; Lc 12,50). Não há necessidade de eliminar as conotações negativas ou dolorosas do termo *baptizein*; como é um rito de troca (remissão dos pecados), deve, de algum modo, ser dispendioso, como todos os rituais bíblicos.

A LXX usa o termo e introduz o sentido de imersão ritual (Eclo 34,25; Jt 12,7; cf. 2Rs 5,14), diferente da ideia de "lavar". Seguindo essa distinção e o sentido normal dos termos, "batismo" deve designar uma imersão total, mas não tem necessariamente o mesmo significado em todo o NT. O verbo é usado setenta e uma vezes no NT – a maior parte delas, na voz ativa ou passiva, o que subentende que alguém oficia. Entretanto, a denominação de "batista" significa propriamente alguém que batiza outra pessoa, ou alguém que pratica abluções; assim, Justino fala de uma seita de "batistas" (*Diálogo com Trifão* 80.4). A fim de evitar confusão, outros escritos cristãos primitivos falam de seitas "hemerobatistas", termo que sugere abluções cotidianas; é bastante interessante que esse termo seja às vezes aplicado ao próprio João Batista.

Por trás da terminologia ambígua estão duas perguntas. Primeira: é o batismo de João um ato único a ser desempenhado só uma vez, como à primeira vista parece ser o caso, ou há outras abluções de tempos em tempos, como sugere o fato de João se estabelecer em lugares com água em abundância (Jordão; Enon, perto de Salim: Jo 3,23)? Segunda: qual era exatamente o papel do oficiante? Por um lado, João parece realizar um rito que lhe é próprio e, portanto, está ligado a ele pessoalmente. Mas, segundo Lc 3,21, Jesus foi batizado depois de João ter sido preso; assim, não por João em pessoa. É comum dizer que esse é um aspecto secundário, que objetiva separar ao máximo o ministério de Jesus do de João. Tal resposta não é plenamente satisfatória, não só por causa da continuidade indicada antes, mas principalmente porque, segundo At 18,25 (TO) e 19,3, o batismo de João era encontrado em Alexandria e Éfeso entre os discípulos de Jesus, bem depois dos dois terem saído de cena.

A conclusão é que esse batismo existia quer João estivesse, quer não estivesse ali em pessoa, e também podia ser ligado a Jesus. Desse modo, não é um gesto de união pessoal com João ou Jesus, mas um rito de entrada em um grupo, que ainda precisava ser definido. No batismo cristão mais tardio, também, a identidade do oficiante não tinha importância primordial. Vemos isso no caso de Cornélio, em que Pedro simplesmente ordena que ele seja batizado; também em At 22,16, Ananias diz a Paulo: "Levanta-te, recebe o batismo...". Assim, parece que o papel do oficiante é, em essência, o de um avalista que convida ou recebe o neófito.

Voltemos às origens do batismo de João. Para o NT, em especial para os evangelhos sinóticos, João é o precursor de Jesus. Entretanto, a pergunta que, da prisão, João faz a Jesus (Mt 11,2-6 par.) mostra que ele não tem certeza se Jesus é "aquele que há de vir". Além disso, Jesus não dá uma resposta direta, mas declara que, na verdade, o julgamento chegou, em forma de curas e perdão. A hesitação de João é natural: em um contexto de julgamento iminente, ele anunciara a vinda de alguém "mais forte" que ele, e não estava claro se Jesus era esse alguém. O anunciado batismo "com o Espírito Santo e com fogo" é metáfora, com sugestão de cataclismo. De fato, João anunciou a vinda, não de um Messias, mas do Senhor, conforme indicam as alusões a Ml 3,1ss.

O pequeno diálogo em Mt 3,13-15, no qual João pede a Jesus que o batize, pode bem ter sido inserido pelo evangelista, mas é instrutivo. Jesus responde que é assim que eles devem cumprir toda a justiça, o que muitas vezes é entendido como repercussão de Is 53,11, em que o Servo do Senhor, embora inocente, carrega o peso dos pecados dos outros a fim de alcançar a justificação deles. Tal alusão não é impossível, mas não está comprovada de maneira indubitável. Tomando apenas os elementos presentes na narrativa, primeiro Jesus recusa-se a deixar que João torne-se seu discípulo e, desse modo, responde a uma pergunta que necessariamente surge, se os dois se encontraram mesmo, a saber, por que João não seguiu Jesus, já que pelo menos alguns de seus discípulos o fizeram. Em seguida, subentende-se que, até para Mateus, Jesus era batizador. Finalmente, Mt 3,2 não fala de "batismo para o perdão dos pecados", mas apenas de conversão. Em outras palavras, o batismo estabelece uma relação com Deus, quer o batizado tenha, quer não tenha sido pecador, pois o importante é entrar na comunidade que João reúne pelo batismo em vista do fim dos tempos. Podemos fazer uma observação semelhante a respeito da identificação de Jesus por João como "Cordeiro de Deus" (Jo 1,29ss): é uma síntese com referência imediata à Páscoa. Ali também alguns dos discípulos de João seguem Jesus, embora não o próprio João. Contudo, Jesus professa grande admiração por João, que ele identifica sem hesitação.

Mc 1,4 diz que João pregava "um batismo de conversão para o perdão dos pecados", o que sugere diversas coisas. Primeiro, João não só ministrava o batismo, como também o pregava. Essa pregação tem a ver com a vinda do Reino, pois Lc 3,18 chega a dizer que João "anunciava a Boa-Nova", o que ressalta sua afinidade com Jesus. Além disso, entre a pregação e o batismo existe, com certeza, um elemento de instrução e treinamento. Segundo Lc 3,8 (cf. Mt 3,8), João exige primeiro frutos que mostrem arrependimento (ou conversão), o que sugere certo processo a ser seguido. Acontece que esse é o aspecto ao qual Josefo dá ênfase especial: "O batismo parece agradável a Deus se não é usado para o perdão de certas faltas, mas para a purificação do corpo, depois que a alma foi previamente purificada por completo pela justiça" (*Ant.* 18 §117). Em outras palavras, o batismo assinala o sucesso na perseverança. Também pressupõe o ingresso em um grupo.

Esse grupo considera-se claramente o verdadeiro Israel, merecedor de enfrentar os últimos tempos. Apesar de expressões como "a Judeia inteira e todos os habitantes de Jerusalém" vinham ao encontro de João para serem batizados no rio Jordão (Mc 1,5 par.), é impossível tratar-se de todo o povo judeu, ou mesmo de uma proporção importante, por uma razão muito simples: tudo acontece sem referência ao Templo e, em especial, ao Dia do Grande Perdão anual (10 Tishri). Era observância popular, a ponto de proporcionar uma estrutura de interpretação subsequente para a obra redentora de Jesus: Hb 5,1s reconhece explicitamente que Jesus é sumo sacerdote, com alusões precisas ao ritual de Lv 16,6ss, que já apresentava um ambiente claro no qual colocar um chamado à conversão. Portanto, implicitamente para João, em seguida, explicitamente com Jesus, e depois Estêvão, há uma polêmica contra o Templo e sua função.

Esse aspecto importante permite-nos fazer uma comparação com os essênios, como a *Regra da Comunidade* os define. Mencionamos sua insistência na separação de gente perversa e na partida para o deserto a fim de redescobrir a prática dos "preceitos primitivos" (cap. 1, §I,2); há uma sensação de urgência. A observância preceituada é definida em termos da Lei de Moisés e do que "os profetas revelaram pelo Espírito Santo". A comunidade, e somente ela, tem a interpretação inspirada; somente ela é a aliança (1QS 5,8.20; 6,15) e, assim, o verdadeiro Israel.

Essa afinidade quanto a um aspecto fundamental entre João e os essênios permite-nos dar um sentido aos contatos em detalhes. Desse modo, segundo 1QS 2,25–3,12, a volta do pecador só se realiza por um processo de conversão, devidamente atestada, e não por um simples ritual de purificação; mas quando as condições são cumpridas, o batismo expressa a remissão dos pecados (3,6-9). De modo semelhante, 1QS 5,13 estipula: "Que o ímpio não entre nas águas para participar da 'pureza' dos homens de santidade". O batismo como simples imersão não tem nenhum efeito automático. Essa última passagem insere um novo elemento: somente o batismo dá acesso à "pureza", que aqui significa a refeição sagrada da comunidade, que consiste em pão e vinho, restrita aos iniciados. Essa refeição está de forma clara ausente no caso de João, é até dito explicitamente que ele "não come, nem bebe vinho" (Lc 7,33). Entretanto, teremos oportunidade de voltar a falar nisso com respeito à Eucaristia.

Nossas descobertas até agora contrariam a visão comum de João como figura profética essencialmente isolada, com um batismo que era uma espécie de gesto dramático feito sobre todos os que se apresentavam. Pelo contrário, o batismo de João era um processo de iniciação para entrar no grupo dos que se julgavam o povo digno de se encontrar com Deus.

2. João, Jesus e seus discípulos

A posição de João como precursor tem dois aspectos: ele anuncia Jesus e é o modelo para Jesus. Por outro lado, já mencionamos um paralelo geral entre João e Jesus.

Quanto a João, ele não sobrevive à prisão (não ressuscita dos mortos), mas, do começo ao fim de Lucas-Atos, deixa um sinal duradouro por causa de seu batismo. Essa diferença de perspectiva ocorre novamente na pregação de João, em que ele anuncia outro batismo, no Espírito (e no fogo, segundo Mateus e Lucas). Esse mesmo Espírito está presente no batismo e na tentação de Jesus, mas essa também é uma passagem emblemática, pois o Espírito de fato só se manifesta mais tarde, por ocasião do batismo "em nome de Jesus" (At 2,38; 10,47; 19,6). Assim, parece que a verdadeira diferença entre João e Jesus deve ser procurada não no que fizeram, mas naquilo que deixaram para trás.

Desse modo, para avaliar a relação entre João e Jesus, precisamos olhar para seus discípulos respectivos. A pregação de João dirige-se a todos e não contém nenhuma doutrina especial, exceto uma exortação à conversão (retorno à Lei) por meio do anúncio de um julgamento iminente. Ele tem ampla influência e uma fama que o faz objeto de medo por parte das autoridades (como Josefo deixa claro). Na verdade, esses aspectos são em grande parte comuns a Jesus e a João. No caso deste último, entretanto, os evangelhos nunca o mostram organizando um grupo de discípulos, nem mesmo chamando-os pessoalmente. Há quem conclua que João, sendo líder carismático, não tinha discípulos no sentido próprio da palavra, e que só depois de sua morte alguns grupos afirmaram pertencerem a ele, a fim de se diferenciarem do povo ou resistirem aos discípulos de Jesus.

Essa conclusão está estreitamente ligada à identificação de João como profeta no Jordão e ao fato de seu batismo ser considerado um tipo de peça extra de ornamentação. Mas ela contraria alguns textos. Os casos já mencionados, em que o "batismo de João" ocorre na ausência do próprio João e sem referência a seu papel profético, indicam antes que o batismo desempenhava um papel essencial e que havia discípulos qualificados para propagá-lo. Nos sinóticos, os discípulos de João têm um perfil bem definido, diferente das pessoas em geral: eles jejuam (Mc 2,18-20 par.); enterram o mestre (Mc 6,29 par.); alguns seguem Jesus; e, segundo Lc 11,1, João ensinou-os a orar. Mas, acima de tudo, é muito difícil ver como poderiam surgir discípulos depois da morte de João, se durante a vida ele não tivesse tido nenhum. Essa última é outra forma do argumento de Gamaliel (ver At 5,36ss), a saber, que um movimento vago em torno de uma personalidade forte desapareça com seu fundador, se não há nenhum sucessor ou estrutura identificadora para assumir.

Era Jesus, então, o sucessor designado de João? Realmente não, pois, como vemos em Mt 11,2-6 e Lc 7,18-23, João não tinha certeza da identidade de Jesus. O quarto evangelho fala claramente dos discípulos de João e os relaciona com os de Jesus, segundo dois modelos. Em Jo 1,37, eles formam uma subdivisão, pois dois dos discípulos de João seguem Jesus, mas, em Jo 3,26ss, eles são um empreendimento paralelo, ou até concorrentes. A única conclusão possível é que Jesus e João ministravam um batismo que tinha a mesma estrutura, como veremos em ligação com os discípulos em Éfeso (At 19,1-7), e, assim, seus discípulos respectivos tinham a mesma organização. O nome "batismo de João" origina-se em parte do fato de João ter entrado em cena antes, mas também separa-o do recém-definido "batismo em nome de Jesus", que aparece mais tarde com o Espírito (At 2,37ss). Mais uma vez, a diferença entre os discípulos deve ser procurada naquilo que João e Jesus deixaram para trás. Os evangelhos, é verdade, falam de grandes multidões que vêm para ser batizadas, mas isso é, na verdade, um exagero ligado à interpretação de que Jesus, igual a João, era profeta. Esse ponto surgirá mais claramente quando examinarmos o "batismo" como processo, não como ato ritual isolado.

3. O batismo de Jesus e o batismo cristão

Para ter uma ideia mais precisa do lugar ocupado por João, precisamos agora ver se existe ligação entre o batismo recebido por Jesus e o batismo cristão. No início do século II, Inácio de Antioquia e muitos depois dele explicaram que Jesus foi batizado a fim de purificar a água na sua paixão (*Carta aos Efésios* 18). Assim, a água do batismo torna-se símbolo da morte redentora de Jesus e, desse modo, o batismo de Jesus relaciona-se com a iniciação cristã. A manifestação divina, ou teofania, que se segue ao batismo, demonstra que Jesus é Filho de Deus segundo o Espírito e, portanto, lança a luz da ressurreição sobre o Jesus do ministério.

Essa teofania indica importante transformação no que significa ser discípulo. Com efeito, na medida em que expressa a ressurreição de Jesus, o batismo que a precede expressa sua morte. Ora, se seguimos o que João realmente prega, esse batismo pretendia trazer os pecadores de volta à fidelidade à aliança, o que, à primeira vista, é algo bem diferente. O elo entre os dois sentidos é propiciado pelo lado valioso do batismo, que é um teste (quer pela água, quer pelo fogo, ou pelo Espírito). Aqui observamos que segundo Mc 1,5, os que iam ao encontro de João recebiam o batismo "confessando os seus pecados". Portanto, no fim de um processo de conversão, o batismo é também sinal identificador do pecado e do pecador. O novo sentido introduzido pelo batismo de Jesus leva essa realidade do pecado a seu último significado: o pecador é comparado a um morto.

Desse modo, a água do batismo assume uma nova série de sentidos. De elemento essencial da purificação (que pressupõe impureza e pecado), torna-se sinal da morte, o que só é possível porque há uma coisa que se segue, a saber, a ressurreição e o Espírito. O simbolismo da água inclui, portanto, todos os perigos mortais, o dilúvio, o mar Vermelho, a tempestade no lago, Jesus caminhando sobre as águas, a água e o sangue que saem do seu lado etc. Essas observações revelam a profundeza do sentido da resposta de Jesus a João, segundo Mt 3,15 ("... é assim que devemos cumprir toda a justiça!"): ao pedir o batismo, Jesus inicia sua missão. Em suma, o par formado pelo batismo de Jesus e a teofania expressa o querigma cristão (Jesus morreu e ressuscitou) e, ao mesmo tempo, lembra a missão confiada aos discípulos pelo Cristo ressuscitado ("Ide, batizai...", ver Mt 28,19).

As explicações paulinas acham agora seu lugar natural, por exemplo, Rm 6,3-4: "batizados no Cristo Jesus, é na sua morte que fomos batizados.

Pelo batismo, fomos sepultados com ele em sua morte...". Outro sentido é visto no batismo de Jesus. Ele entra na Lei, pois é a restauração da Lei que João prega; então, essa entrada transforma-se em vitória sobre a morte. Essa dimensão permite-nos entender o simbolismo do batismo no Jordão: é a entrada na terra prometida, isto é, na vida eterna.

Assim, o batismo de Jesus tem sido amplamente interpretado em termos de uma perspectiva cristã posterior. A partir dessa conclusão, percorremos a tradição a fim de ter uma ideia da atividade de Jesus como batizador. Segundo Jo 3,22–4,2, essa atividade era paralela à de João, mas com maior sucesso. Não há outra menção de Jesus como batizador. Alguns autores concluem que Jesus a princípio aderiu à iniciativa de João e, subsequentemente, foi movido pelo estado de abandono do povo a diversificar e anunciar a misericórdia e o perdão gratuito, sem necessidade de conversão prévia. Mas, então, qual é a justificativa para o rápido restabelecimento pelos discípulos de uma prática que o Mestre abandonara?

De fato, a atividade de Jesus como batista está no centro de uma sequência de episódios nos primeiros capítulos do Evangelho de João que se unem em torno do tema do batismo. Em parte da narrativa complexa das bodas de Caná, Jo 2,6ss insiste nas talhas da purificação, nas quais a água transforma-se em vinho. O próprio Jesus relaciona sua "hora" à ação de encher as talhas, quer dizer, relaciona sua morte à água purificadora (batismal). O resultado é um vinho superior ao servido antes, de modo que o teste da "hora" é aprovado com grande sucesso.

Em seguida, no episódio da purificação do Templo (Jo 2,13ss), com uma alusão a sua morte e ressurreição, Jesus neutraliza o sistema comercial de sacrifícios e, assim, todo o culto *expiatório*. Em outra ocasião, ele declara a Nicodemos: "se alguém não nascer da água e do Espírito, não poderá entrar no Reino de Deus" (Jo 3,5). Jo 3,25 relata uma discussão dos discípulos de João com um judeu a respeito da purificação; então eles dizem a João que o sucesso de Jesus é maior. A discussão é obviamente a respeito do sentido do batismo.

Finalmente, durante o episódio da samaritana, Jesus fala da "água viva" (4,10), o termo técnico para a água da purificação (ao contrário da água estagnada ou que foi manuseada). Muitos já demonstraram que todas essas referências formam um todo homogêneo. O batismo como tal não é mencionado em nenhuma dessas passagens, mas fundamenta todas elas no sentido de proporcionar uma estrutura de sentido que junta elementos narrativos muito variados.

Assim, surge uma continuidade de rito juntamente com a mudança de sentido, mas este último está ligado à ressurreição e não a quaisquer aspectos de Jesus como batizador ou aquele que cura. No final das contas, é impossível atribuir uma identidade clara para o batismo ministrado por Jesus, que não é nem o batismo de João, nem o batismo cristão mais tardio. Em outras palavras, qualquer diferença que exista entre o batismo de João e o batismo cristão mais tardio não se origina de nada criado por Jesus durante seu ministério – ele não inventou nada e acolheu um rito ministrado por outro –, mas a partir de um sentido novo, que é mais tardio. Os textos discretamente revelam uma continuidade que não está em discussão. Os evangelhos revelam algo semelhante no caso da Eucaristia, em que também, materialmente falando, Jesus não inventou nada novo, mas adotou um rito existente, ao qual, entretanto, foi dado um novo sentido.

II. A última ceia

Se Jesus não inventou um novo rito na Última Ceia, qual foi a origem do rito? Uma resposta que costuma ser dada supõe que a Última Ceia foi uma refeição da Páscoa judaica: as espécies de pão e vinho que são consagradas e consumidas na Eucaristia eram (e são) aspectos da celebração da Páscoa judaica. Mas a afirmação de que a Eucaristia se origina da celebração da Páscoa judaica encontra sérias dificuldades. Em suma, foi a Última Ceia uma refeição da Páscoa judaica?

1. O problema da cronologia

Primeiro, há o problema da cronologia. É simples determinar a dificuldade principal. Todas as narrativas evangélicas concordam em estabelecer a morte de Jesus em uma sexta-feira, com uma última refeição ao anoitecer da quinta-feira anterior. Os autores sinóticos – Mateus (cap. 26), Marcos (cap. 14) e Lucas (cap. 22) – chamam essa refeição de ceia pascal e, portanto, celebrada ao anoitecer do dia 14 de Nisã (ver Ex 12,6). Segundo essa cronologia, Jesus morre no dia 15. Ora, é difícil entender que Jesus foi julgado e executado no próprio dia da festa. Mas, em todo caso, para João (cap. 13), Jesus morre pouco antes do início, portanto no dia 14; além do mais, João não sugere de modo algum que a Última Ceia foi uma refeição pascal. Assim, há contradição ou pelo menos falta de consistência. Para completar, acrescentemos que o relato paulino da última refeição de Jesus (1Cor 11,23-26) simplesmente a coloca "na noite em que ia ser entregue", sem referir-se expressamente à Páscoa judaica.

Três tipos de solução procuraram resolver a dificuldade. A primeira, implicitamente adotada pela Igreja de Roma (que usa pão ázimo na liturgia), segue em essência os sinóticos. O que João tem a dizer é, então, harmonizado com eles. A segunda solução, implicitamente adotada pela Igreja grega (que usa pão levedado na liturgia), é seguir João e, assim, supor que Jesus adiantou a refeição pascal, pois sabia que estaria morto antes da data exata, no dia seguinte. Mas essa parece ser uma coisa um tanto irregular para fazer e, de qualquer modo, não pode ser deduzida do texto.

Ao lado dessas respostas tradicionais (que talvez sejam até anteriores à publicação dos evangelhos), há um terceiro tipo de solução, que é mais aperfeiçoada e procura um meio para combinar as duas outras, sugerindo que houve duas celebrações pascais. O mais simples é supor que, por causa do grande número de peregrinos, a imolação das vítimas levou dois dias, a começar de 13 de Nisã, em especial para os vindos da Galileia, o que explica por que Jesus e os discípulos comeram a Páscoa ao anoitecer da quinta-feira. Entretanto, não há indícios para tal prática, que envolveria todo tipo de dificuldades a respeito do fermento para o recinto do Templo e também para os sacerdotes. Nesse caso, é tentador imaginar uma controvérsia que surge aqui entre os fariseus e os saduceus sobre o que fazer quando a Páscoa cai em um sábado: os cordeiros devem ser imolados ao anoitecer da quinta-feira e, nesse caso, devem ser comidos imediatamente ou deixados para o anoitecer da sexta-feira? Mais uma vez, não há indícios de tal controvérsia e, em todo caso, o problema suposto é artificial, pois, ao que parece, os cordeiros eram abatidos na tarde do dia 14 e, assim, no caso proposto, antes do início do sábado.

Hipótese mais sutil é supor uma discordância quanto a fixar o início de Nisã naquele ano específico, pois isso depende de atestar o aparecimento da lua nova. Como um mês lunar não tem menos de vinte e nove dias nem mais de trinta, a incerteza não é a respeito de mais de um dia, e para o ano em questão pode haver um duplo cálculo. Entretanto, os fariseus e saduceus iam todos ao mesmo Templo, por isso não é fácil entender como seriam realizados dois lotes de sacrifícios públicos, mesmo que os sacerdotes concordassem com a duplicação. Em todo caso, não há nenhum indício da existência lado a lado de dois cálculos especiais.

A tentativa mais recente de justificar duas celebrações da Páscoa apela para o calendário solar, conhecido por intermédio do *Livro dos Jubileus*, que era usado em círculos ligados a Qumran. Segundo esse calendário, o primeiro dia de Nisã é sempre quarta-feira; portanto, o dia 14 é terça-feira. Com base nisso, Jesus celebrou a Páscoa e foi preso durante a noite de terça para quarta-feira (alguns escritos cristãos primitivos apoiam essa cronologia). Assim, é provável que os sinóticos seguissem esse calendário sectário, enquanto João aferrou-se ao calendário oficial do Templo. Entretanto, a dificuldade com essa solução é que os sinóticos concordam com João que a Última Ceia e a prisão de Jesus aconteceram durante a noite de quinta para sexta-feira.

2. A Última Ceia e a Páscoa judaica

O exame do calendário propriamente dito não nos leva a lugar algum. Talvez devêssemos abordar a questão de outro ângulo – a natureza da Última Ceia.

Além da afirmação explícita nos sinóticos de que Jesus celebrou a Páscoa com os discípulos à noite, na véspera de morrer, alguns detalhes incidentais nas narrativas, não só em Mateus, Marcos e Lucas, mas também em João, parecem apoiar a ideia de que a Última Ceia foi realmente uma refeição pascal: o tempo e o lugar da refeição, os poucos companheiros escolhidos, e o fato de se reclinarem em almofadas (demonstração excepcional, praticada na Páscoa).

Acima de tudo, os aspectos principais da Última Ceia, precisamente os que foram transferidos na Eucaristia cristã, parecem indicar que se originam da refeição pascal. Em Mt 26,26 e Mc 14,22, Jesus parte o pão e pronuncia a bênção *durante* a refeição; esse gesto corresponde ao rito pascal, onde, excepcionalmente, o pão (ázimo) só aparece depois do primeiro prato. Além do mais, Jesus e os discípulos tomam vinho durante a refeição, o que era comum apenas em ocasiões especiais (principalmente de família) e em festas. Há uma comparação óbvia com o preceito pascal de tomar quatro copos de vinho, que entremeiam a refeição festiva; Lc 22,17-19 (TA), de fato, menciona dois cálices, um no início e o outro no fim. No final da refeição, hinos eram entoados, sem dúvida todo ou parte do *Hallel* (Sl 113–118), que é recitado na Páscoa.

Talvez o principal argumento a favor de uma refeição pascal seja o fato de Jesus anunciar a paixão em palavras que pronuncia sobre o pão e o vinho. Uma das características da celebração pascal é a obrigação de interpretar certas partes da refeição conforme sugerido em Ex 12,26ss, em que os filhos perguntam aos pais a respeito dos aspectos incomuns dela.

Na verdade, porém, os sinais que indicam a identificação da Última Ceia como refeição pascal estão longe de ser indubitáveis. Uma advertência geral preliminar: devemos tomar cuidado para não presumir que o rito pascal atualmente em uso no judaísmo rabínico e preceituado nos textos tradicionais era praticado no tempo de Jesus ou pelo menos tinha, então, uso geral. Uma comparação mesmo que rápida do rito rabínico com o formulado em Ex 12,1-14 e ainda em uso entre os samaritanos revela algumas diferenças. A mais notável é a ausência do próprio cordeiro, a parte essencial do rito bíblico. Voltaremos a esse ponto mais adiante.

Se desapareceu um elemento (o cordeiro) do rito rabínico, outro entrou, a saber, o vinho. O vinho nem sequer é mencionado na passagem do Êxodo, mas ocupa lugar importante no rito pascal rabínico, e também na Eucaristia cristã. Mas há mais. Em contraste com a Páscoa rabínica, em que quatro cálices de vinho são tomados por todos, Jesus abençoa um único cálice, que então circula e, assim, a quantidade tomada é estritamente simbólica. Em outras palavras, quando a Última Ceia é colocada no cenário da Páscoa, há séria discordância: o vinho não desempenha claramente um papel intrínseco na Páscoa, embora Jesus lhe atribua grande importância, mesmo que seja consumida apenas uma pequena quantidade.

A bênção do pão durante ou no início da refeição também não é bíblica, mas faz parte da Páscoa rabínica, dos sinóticos e das narrativas paulinas da Última Ceia. De fato, em Dt 8,10, a única bênção preceituada é a pronunciada depois de comer e se fartar; portanto, no fim da refeição. Entretanto, em nome da regra geral de proibir a fruição de qualquer coisa boa deste mundo, sem primeiro bendizer ao Criador, a tradição rabínica preceitua uma bênção antes de provar qualquer coisa e dá várias fórmulas para esse propósito, conforme as diversas espécies de produtos naturais (frutas, vegetais, cereais etc.; carne, peixe, laticínios etc.). Daí origina-se a posição excepcional do pão e do vinho: são produzidos pelo trabalho humano, e não apenas pela natureza, e cada um tem uma bênção especial ligada a ele, diferentemente do trigo e das uvas, que estão incluídos nas categorias gerais de produtos do solo e frutos.

Se a Última Ceia foi, de fato, uma refeição pascal, é surpreendente que os elementos que Jesus escolheu para comentar, o pão e o vinho, não pareçam ser os sinais mais apropriados. Por que não falar das ervas amargas na véspera de sua paixão? Por que ele se identifica com o pão e o vinho, e não com o cordeiro pascal, como em 1Cor 5,7ss e Jo 1,29 etc.? Por que comentar sobre o vinho, que é elemento secundário? E se o pão é importante, a comparação com o maná (Jo 6,26ss) é muito mais clara e tem sentido mais rico que o pão ázimo. Em outras palavras, o pão e o vinho já têm identidade suficientemente forte para ser preciso considerá-los sinais que transmitem o sentido da morte de Jesus, o que não é tão óbvio na refeição pascal. Mais uma vez, o pão e o vinho se sobressaem.

3. Em busca de um sentido

A fim de prosseguir, precisamos voltar aos textos e analisá-los, concentrando-nos nas diversas etapas da refeição em si. Para tornar mais leve a apresentação, omitiremos a primeira parte da refeição concernente à traição (ou "entrega") introduzida em Mt 26,21 e Mc 14,18 pela expressão "Enquanto estavam comendo", que é retomada no início da passagem citada aqui. Lucas tem outra organização; aqui também estão duas formas de sua narrativa, uma dada pelo TO, a outra pelo TA:

Mateus 26	Marcos 14	Lucas 22 TO	1 Coríntios 11
Cf. v. 29	Cf. v. 25	(15) E disse: "Ardentemente desejei comer convosco esta ceia pascal, antes de padecer. (16) Pois eu vos digo que não mais a comerei, até que ela se realize no Reino de Deus". (17) Então pegou o cálice, deu graças e disse: "Recebei este cálice e fazei passar entre vós; (18) pois eu vos digo que de agora em diante, não mais beberei do fruto da videira, até que venha o Reino de Deus".	
Cf. v. 29	Cf. v. 25		

Mateus 26	Marcos 14	Lucas 22 TO	1 Coríntios 11
(26) Enquanto estavam comendo, Jesus tomou o pão e pronunciou a bênção, partiu-o, deu-o aos discípulos e disse:	(22) Enquanto estavam comendo, Jesus tomou o pão e pronunciou a bênção, partiu-o e lhes deu, dizendo:	(19) A seguir, tomou o pão, deu graças, partiu-o e lhes deu, dizendo:	(23) Na noite em que ia ser entregue, o Senhor Jesus tomou o pão (24) e, depois de dar graças, partiu-o e disse:
"Tomai, comei, isto é o meu corpo".	"Tomai, isto é o meu corpo".	"Isto é o meu corpo, que é dado por vós. Fazei isto em memória de mim".	"Isto é o meu corpo *entregue* por vós. Fazei isto em minha memória."
(27) Em seguida, pegou um cálice, deu graças e passou-o a eles,	(23) Depois, pegou o cálice, deu graças, passou-o a eles, e todos beberam.	(20) Depois da ceia, fez o mesmo com o cálice [*Acrescentado pelo TA*]	(25) Do mesmo modo, depois da ceia, tomou também o cálice
dizendo: "Bebei dele todos, (28) pois este é o meu sangue da *nova Aliança*,	(24) E disse-lhes: "Este é o meu sangue da *nova Aliança*,	dizendo: "Este cálice é a *nova Aliança* no meu sangue,	e disse: "Este cálice é a *nova Aliança* no meu sangue,
que é derramado em favor de muitos, para remissão de pecados.	que é derramado por muitos.	que é derramado por vós.	que é derramado por vós."
(29) Eu vos digo: de hoje em diante não beberei deste fruto da videira, até o dia em que, convosco, beberei o vinho novo no Reino do meu Pai".	(25) Em verdade, não beberei deste fruto da videira, até o dia em que, convosco, beberei o vinho novo no Reino de Deus".	Fazei isto em memória de mim (26) Pois, toda vez que comerdes deste pão e beberdes deste cálice, anunciareis a morte do Senhor," Cf. v. 18	até que ele venha.

Sem perder de vista o contexto, faremos um estudo comparativo desses textos, primeiro em geral e, depois, mais detalhadamente.

1. Quaisquer que tenham sido as complexidades do calendário, o contexto literário de Mateus, Marcos e Lucas é o da Páscoa, festa que tradicionalmente tem duas dimensões: a comemoração da saída do Egito (Ex 12-13) e a celebração da entrada na Terra Prometida (em Guilgal: Js 5,10ss). Essa segunda Páscoa tem um aspecto notável: corresponde à suspensão do maná, pois os israelitas passam a comer os produtos da terra, começando pelo pão ázimo. Nos relatos evangélicos da Última Ceia, não há alusões ao Êxodo, mas há referências muito claras à Terra Prometida, expressas em termos do Reino de Deus: Jesus anuncia uma futura celebração no Reino, o que está claro principalmente em Lc 22,15-18, com referências explícitas ao cordeiro e ao vinho. A mesma distância entre o presente e um futuro indefinido está indicada também em Mt 26,29 e Mc 14,25, mas só a respeito da "produção do vinho". O episódio acontece não simplesmente na Judeia, mas em Jerusalém, aonde Jesus insiste em ir. Entretanto, não é uma chegada verdadeira, mas partida (chegada fracassada). Há uma dimensão messiânica, vista claramente na tradição de que o Messias voltará em uma noite de Páscoa.

2. Alusões à Aliança e ao sangue (Mt 26,29 par.) trazem uma lembrança que não está diretamente relacionada com a Páscoa, pois não há nenhuma ligação com o cordeiro, nem mesmo com o rito do sangue de Ex 12,22ss. Por outro lado, o "sangue da Aliança" de Mateus e Marcos alude ao sacrifício que encerra a revelação no Sinai (Ex 24,8), e a "nova Aliança" de 1 Coríntios (e Lucas TA) refere-se a Jr 31,31. A comparação com documentos sectários proporciona um contexto mais preciso. Para *Jub* 29,7, a festa da Aliança é Pentecostes, que sempre cai no domingo, dia 15 do terceiro mês; é também a festa das primícias. Segundo esse texto, a Aliança como tal não está ligada a Moisés: começa com Noé (*Jub* 6,17) e continua com Abraão (*Jub* 14,1ss; ver Gn 15,7ss). Portanto, com Moisés, a *mesma* Aliança é renovada, mas agora com uma nação real (ver 1QS 3,4bis).

3. Em resultado dessas observações, reunimos as duas expressões "sangue da Aliança" e "nova Aliança". Nos dois casos, é a mesma Aliança que é renovada, sem abandonar uma anterior, primeiro por Moisés, depois por todos que se comprometem a voltar a sua Lei. Há até uma espécie de círculo: o povo é inconstante, mas há sempre um resto fiel conduzido por

guias divinamente inspirados, que o *Documento de Damasco* (2,11-12) chama de "ungidos por seu Santo Espírito". Assim a seita, que não é outra senão o "resto", considera-se o verdadeiro Israel, isto é, a expressão concreta da Aliança, como veremos (cap. 6, §II). Desse modo, como festa da Aliança, Pentecostes tem dupla dimensão: a admissão de neófitos e a renovação litúrgica da Aliança, com abluções apropriadas. Obviamente, essa perspectiva dá um sentido que é muito simples e fundamental para o Pentecostes de At 2, que conclui com numerosos batismos.

4. Nessa perspectiva da antiga festa de Pentecostes, damos sentido aos elementos característicos do pão e do vinho na Última Ceia e na Eucaristia cristã. Vimos que eles não se ajustam bem no ambiente da Páscoa. Em contraste, Pentecostes é também a festa das primícias e, segundo Lv 23,17, os que devem ser apresentados primeiro não são outra coisa senão os primeiros frutos do pão comum (*levedado*). Devemos mencionar que esse não é o produto da terra em estado natural, como o trigo, mas um alimento preparado. Além desse aspecto básico da festa assim chamada apropriadamente, outros textos essênios (11QT 18–22 e 43; 4QMMT A) indicam um ritmo de períodos de cinquenta dias, com pequenos pentecostes caindo num domingo, quando vinho novo (deve) e também óleo – mais uma vez produtos são preparados – são oferecidos. Assim, as *primícias* do pão e do vinho estão relacionadas ao ciclo de Pentecostes, com uma consequência escatológica que é fundamental: comer os frutos do ano novo que representa o mundo novo, a nova criação etc.

Mas o elo com Pentecostes e a Aliança não se limita às datas impostas pelo calendário solar. O gesto de oferecer e comer os primeiros frutos pode ser feito a qualquer tempo, como vemos no apêndice à *Regra da Comunidade* (ou *Regra da Congregação*) de Qumran: a refeição messiânica descrita em 1QSa 2,11-22, com os dois messias (filho de Aarão e filho de Davi) e o resto do povo em tribos, mostra o sacerdote (messias filho de Aarão) iniciando a refeição com uma bênção das primícias do pão e do vinho. Ainda mais interessante é que esse rito já é observado em uma forma menor em todas as refeições em que haja pelo menos dez pessoas presentes, como em 1QS 6,4-5; Josefo diz simplesmente duas vezes por dia, depois da purificação (*G.J.* 2 §133ss).

A comparação com a Última Ceia de Jesus fica fácil quando recordamos que ali o rito diz respeito a um único pão e um único cálice, e não todo o pão fornecido e a jarra toda de vinho ou os cálices de todos os presentes.

É, então, questão de somente uma parte pequena (mas venerada) do alimento que expressa adequadamente a separação das primícias. A tradição cristã mais tardia conhece dois tipos de refeições rituais: *agape*, ou Ceia do Senhor, durante a qual todas as pessoas comem normalmente, e a *Eucaristia*, com uma ação de graças característica e consumo apenas simbólico. Segundo as fontes, essas duas formas eram originalmente combinadas, porém, mais tarde separaram-se. O testemunho de 1Cor 11 e os relatos da Última Ceia atestam o estado mais primitivo: uma refeição simbólica e uma refeição comum, sendo a parte simbólica sinal de primícias. Desse modo, é fácil perceber que a Última Ceia é narrada de um jeito que sugere uma refeição *habitual* tomada por Jesus e os discípulos, e separada da Páscoa.

5. Entretanto, no estado atual dos textos, tudo foi inserido em um contexto que é pascal e messiânico. Mais uma vez, os textos essênios citados nos dão um meio de abordar isso. A renovação solene da Aliança tem dimensão sacerdotal (1QSb 3,26): a refeição descrita, tomada como na época atual, é presidida por um sacerdote que faz um sinal escatológico de primícias. Mas a realidade suprema desejada está descrita por Is 11,1ss: é o filho de Davi que intervirá no fim, quando Israel será salvo e os ímpios serão mortos (1QSb 5,20ss; 4QPB 3–4; 4Fl 1,11-13). É messianismo pós-sacerdotal, com metáforas marciais que não têm nenhuma relevância política especial.

Assim, distinguimos claramente, pelo menos em teoria, entre zelotes e essênios. Os primeiros propõem ação política imediata, na expectativa dos últimos tempos; mas não é um verdadeiro messianismo, pela simples razão de que os líderes que surgem não têm nenhuma pretensão à origem davídica. Em contraste, os essênios têm em vista duas fases bastante distintas: o tempo presente, com um ideal sacerdotal e um ritual escatológico, e o tempo futuro, em uma realidade que ultrapassa qualquer rito. Tipicamente, segundo *G.J.* 2 §142, quando são admitidos, os neófitos precisam prometer abster-se de ativismo zelote.

6. Esses aspectos de messianismo elucidam a Última Ceia. De fato, a referência à Páscoa é dupla: a Páscoa celebrada na ocasião, que corresponde à morte de Jesus, e uma Páscoa futura, que corresponde à vinda do Reino – em outras palavras, o fracasso de um messianismo mais ou menos manifesto, que termina em Jerusalém, e o anúncio de um messianismo final, devidamente transformado. Entre os dois, o rito do pão e do vinho, com suas conotações de Pentecostes, é sinal escatológico no tempo presen-

te (que outras passagens neotestamentárias expressam como participação simbólica em uma liturgia celeste). Pentecostes e seus sinais associados, juntamente com o Espírito, correspondem à observância da Aliança, isto é, ao tempo da Igreja. Lidamos com um rito, com um ato que está, de certo modo, incompleto, pois precisa ser repetido e corresponde a uma escatologia que está sendo realizada. Entretanto, a realidade final é representada pela Páscoa. Essa interpretação permite-nos entender que os relatos evangélicos sinóticos resultaram da inserção de dois detalhes da verdadeira Páscoa de Jesus: o sinal escatológico do pão e do vinho, e um comentário a respeito do encontro messiânico futuro, o que está particularmente claro em Mateus e Marcos; em Lucas, as duas inserções estão mais próximas uma da outra, pois as Páscoas presente e futura estão no início, e o ato de partir o pão só começará posteriormente.

7. Assim, por trás do relato da Última Ceia há, na verdade, uma tradição litúrgica que é independente da Páscoa. Não é nada mais que uma espécie de refeição comunitária na qual os elementos significativos são o pão e o vinho. Não é uma festa, é apenas a primeira etapa de uma refeição completa (que pode ou não ser festiva), pois a parte que cada um recebe é mínima, e normalmente não seria suficiente como alimento. O sentido principal que essa porção simboliza está ligado a Pentecostes e significa a renovação da Aliança (Sinai) e a expectativa do Reino (primícias). Tem expressão semanal, ligada à noite entre o sábado e o primeiro dia da semana (à espera do alvorecer). Pode também ter expressão diária, a julgar pelo episódio dos peregrinos de Emaús, pela tradição em 1Cor 11, em que a véspera da morte de Jesus poderia ser qualquer dia, e mesmo pelo fato de os alimentos consumidos serem extremamente comuns. Essa disposição que, de modo geral, está de acordo com os costumes essênios, encontra-se em toda a tradição cristã mais tardia com notável regularidade.

8. Finalmente, o NT e alguns textos relacionados dão ênfase especial ao *ato de partir* o pão antes de consumi-lo. Aqui, esse é claramente mais do que um simples ato utilitário; é gesto significativo, rito praticado por Jesus com os discípulos. O rito era por si só passível de mais de um significado, o que era expresso em uma oração de bênção ou ação de graças que o acompanhava. Esses sentidos são muitas vezes articulados em um momento negativo, seguido de um momento positivo. Um sentido expresso, ou ao qual há alusão em diversas passagens (Mc 6,30-44; *Did* 9,4), é a dispersão, seguida pela reunião escatológica do povo de Deus – Israel, depois a Igreja.

Segundo Paulo, na Última Ceia, depois de dar graças, Jesus partiu e distribuiu o pão, em seguida abençoou e passou o cálice e disse: "Fazei isto em minha memória" (1Cor 11,24). Aqui, a ênfase não está no "Fazei isto" – de qualquer jeito, eles estavam fazendo –, mas no "em minha memória". O que já tinham o hábito de fazer, eles deviam dali em diante fazer em memória de Jesus. Assim, para Paulo, todas as vezes que comermos desse pão e bebermos desse cálice, estaremos proclamando a morte do Senhor até que ele venha (1Cor 11,26): o rito familiar agora simboliza o momento negativo da morte de Jesus, seguido pelo momento positivo de sua volta aguardada. Como vimos, Lucas expressa antes uma escatologia realizada, quando relata como os dois discípulos no caminho para Emaús "o tinham reconhecido ao partir o pão" (Lc 24,35; ver cap. 1, §II, 2).

O rito em si ainda desempenha papel integrante em todas as tradições litúrgicas cristãs. Entretanto, em parte, perdeu-se de vista seu sentido, ou antes ele foi transferido para toda a ação eucarística (e, na tradição romana, desde a Idade Média, em especial para a dupla consagração das santas espécies).

III. Conclusão

O cristianismo nasceu em um ambiente bem definido, que era social e politicamente marginal. A passagem de Jesus por esse ambiente foi com certeza um acontecimento da maior importância, mas sempre dentro do cenário e dos valores do ambiente, como começamos a ver claramente. Assim, entendemos que, fosse ele aceito ou rejeitado, o fenômeno era interno, não uma coisa exótica. Além do mais, as reinterpretações aconteceram por meio de rupturas. João anunciou um cataclismo e isso realmente ocorreu, mas não da maneira esperada. Os evangelhos mostram, de maneira previsível, a morte de Jesus e, em seguida, as primeiras manifestações do Espírito como perturbações cósmicas. Paralelamente, revelam os apóstolos incapazes por completo de enfrentar a situação, no ato de traição, negação ou fuga. É na verdade um cataclismo, uma espécie de volta ao caos primevo. Portanto, é compreensível que, quando começam de novo, os discípulos apeguem-se às espécies que formavam sua identidade e sua associação com Jesus, a saber, os gestos rituais a que estavam acostumados, "a começar pelo batismo de João" (At 1,22).

As duas passagens que serviram para começarmos – a visita de Pedro a Cornélio e a noite em Trôade – apresentaram o batismo e o ato de partir o pão. O estudo adicional do batismo no NT e da Última Ceia recebeu grande ajuda de textos paralelos de origem essênia. É óbvio que lidamos com o mesmo tipo de cultura judaica que é muito diferente do judaísmo que Fílon e Josefo se dispuseram a publicar. Ainda assim, temos de levar em conta uma diferença importante. Os essênios constituem um movimento de reforma muito tradicional, estritamente intrínseco ao judaísmo, que condena todos os que não fazem parte dele. Por outro lado, entre os discípulos de Jesus, aparece em determinado momento uma abertura para os gentios. Mas o próprio Jesus assumiu o jugo da Lei pelo batismo de João e só se interessou pelas "ovelhas perdidas de Israel".

Como justificamos essa mudança revolucionária? Devemos procurar a resposta na Galileia?

Capítulo 3
A GALILEIA JUDAICA

Muitos estudos modernos das origens cristãs começam com a ideia mais ou menos explícita de que, por estar a Galileia distante de Jerusalém, ali era mais fácil ficar livre da Lei e da fiscalização do Templo. A expressão bíblica "Galileia dos gentios" (Is 8,23 LXX, citada por Mt 4,15) tornou-se lugar-comum que prontamente dá a impressão de que a Galileia era uma região onde judeus (não muito ortodoxos) conviviam com gentios. É possível imaginar que, em tal ambiente, um mestre galileu e/ou seus discípulos já estariam dispostos a maior receptividade para com o mundo gentio e até acreditassem serem chamados a "ir aos gentios". Entretanto, o problema é que essa impressão não é de modo algum confirmada pela maneira como o livro dos Atos descreve a abertura para os gentios; também está em oposição à imagem verdadeira da Galileia judaica, que surge do estudo rigoroso das fontes. Além do mais, como a Galileia foi um ponto de referência essencial não só para os evangelhos, mas também para Flávio Josefo e a tradição rabínica? Isso dificilmente é esperado de uma província remota e marginal com identidade judaica duvidosa. Vamos começar a examinar a questão mais de perto.

A Galileia não desempenha nenhum papel digno de nota no AT. No NT, a Galileia onde Jesus se movimenta é rural, sem qualquer menção às cidades capitais de Séforis ou Tiberíades, mas reflete alto grau de motivação religiosa: expectativas, debates e conflitos dentro de grupos de várias tendências. Como o progresso mais tardio do cristianismo, visto nos Atos, é eminentemente urbano (Cesareia, Antioquia, Corinto, Éfeso, Roma), é improvável que esses inícios rurais fossem pura criação das comunidades primitivas. Assim, aqui lidamos com um fato. Quais eram a natureza e a origem desse ambiente judaico sem raízes óbvias na Bíblia, distante dos grandes centros e, além do mais, separado de Jerusalém pela Samaria hostil?

Ansioso para comprovar seu direito de falar em nome de seu povo, Josefo formulou sua autobiografia (*Vida*) por volta de 90 d.C. O curioso é que ele dedica a maior parte da obra a descrever mais uma vez suas velhas campanhas na Galileia durante o levante de 66. É óbvio que ele defende uma causa, mas, ao contrário de seu primeiro relato em *Guerra judaica*, ele omite por completo dessa segunda versão qualquer luta importante direta contra os romanos e concentra-se quase exclusivamente em divisões entre os judeus. Sem dúvida, parte disso deve-se a sua posição como liberto imperial que defende as medidas imperiais, mas o resultado é que, vistos de Roma, os acontecimentos que ele relata parecem ser de interesse estritamente local, em termos de consequências políticas e sociais. Mais ou menos na mesma ocasião, ao descrever em *Antiguidades judaicas* as principais "filosofias" dentro do judaísmo, ele tem de acrescentar à famosa tríade fariseus-saduceus-essênios, uma quarta tendência, a dos zelotes galileus, com origens que remontam ao início da ocupação romana. O que o fez dignificar tanto esse movimento, já que pouco antes ele criticou ferozmente os zelotes, considerando-os responsáveis pelos conflitos que provocaram a queda de Jerusalém? Parece ter havido razões estritamente judaicas que o obrigaram, mesmo estando em Roma, a dar séria atenção à longínqua Galileia e aos galileus, mais de vinte anos depois dos acontecimentos.

Em um contexto bem diferente, a Mixná, a coletânea fundamental do judaísmo rabínico, também vem da Galileia. Foi publicada em 220 d.C. pelo rabino Judá, o Príncipe (ou Patriarca) e, apesar de numerosas reminiscências de Jerusalém e do Templo, seu ambiente é rural. Pouco depois, a Mixná foi transferida para a Babilônia, onde foi adotada. Entretanto, nessa época, ela não se difundiu na bacia Mediterrânea, embora a dinastia contemporânea de Severo em Roma fosse um tanto favorável aos judeus e o imperador Caracala tivesse concedido a cidadania romana a todos os súditos livres do império, inclusive aos judeus (212 d.C.). Gerações posteriores de comentaristas produziram duas coletâneas, conhecidas como o Talmude de Jerusalém (de fato, originário da Galileia) e o Talmude da Babilônia, que são culturalmente iguais. Entretanto, a Mixná apresenta-se como obra de escolas fundadas por refugiados da Judeia depois da derrota de Bar Kochbá, a romanização de Jerusalém (Aélia) e a expulsão dos judeus da Judeia. Quais eram a natureza e a origem desse judaísmo galileu? E por que ele se voltou na direção da Babilônia? De qualquer modo, o fenômeno todo é bem marginal ao mundo romano.

Assim, precisamos definir os aspectos característicos da Galileia judaica. O que sabemos a partir de Josefo e da literatura rabínica?

I. A Galileia antes de Herodes

Geograficamente, o termo "Galileia", que significa alguma coisa redonda e sugere "ondulações" ou "ondas", designa de maneira estrita a região de colinas onduladas ao norte da planície de Esdrelon e a oeste do Jordão (Alta Galileia). É província rural pequena, embora fértil, e corresponde aproximadamente ao território designado na Bíblia às quatro tribos de Aser, Issacar, Neftali e Zabulon. Essas tribos faziam parte do reino de Israel pós-salomônico. O sentido original da expressão "Galileia dos gentios" (ou "das nações") é simplesmente "círculo das nações", com uma insinuação de cerco inimigo; essa pequena região era exposta e não tinha cidades fortificadas. Na conclusão de Mt 28,16ss, o Cristo ressuscitado chama os discípulos à Galileia para enviá-los a todas as nações, de modo que a Galileia parece ser a porta para os gentios. Essa é, entretanto, uma transformação da Galileia análoga à ressurreição do próprio Jesus.

1. Depois do exílio

Por ocasião do levante macabeu, ouvimos falar de judeus na Galileia (1Mc 5,14ss). Sob perseguição, eles pediram ajuda a Judas e seus irmãos e declararam-se vítimas de uma coalizão que reunia Ptolemaida, Tiro, Sidônia e toda a Galileia (que corresponde bem ao "círculo das nações"). Simão liderou uma expedição para trazê-los a Jerusalém, o que aconteceu entre 167 e 160 a.C. Era, quando muito, questão de uma minoria esparsa, sem uma fortaleza própria, em contraste com outras regiões. Esses indivíduos dispersos não parecem ter sido migrantes da Judeia e é absurdo considerá-los descendentes diretos de antigos israelitas, cujos laços naturais seriam, nesse caso, com a Samaria. Assim, quem eram eles e de onde vieram?

O único acontecimento notável ao qual esse precário assentamento de judeus na Galileia está ligado é a carta régia concedida a Jerusalém pelo rei selêucida Antíoco III, por volta de 200 a.C. As circunstâncias foram as seguintes: depois de um século de domínio da Palestina e da Fenícia pelos Ptolomeus do Egito, Antíoco teve certa dificuldade para integrar essas regiões a seu reino, mas os habitantes da Judeia e os judeus em geral ficaram do seu lado. Em recompensa, ele concedeu uma carta régia que reconhecia a situação de Jerusalém. Mas também permitia que "todos os que fazem parte do povo judeu" vivessem de acordo com suas leis nacionais. Esta última provisão aplicava-se obviamente não apenas à Judeia. De fato, havia muito que existia uma grande população judaica espalhada pela Babilônia (Mesopotâmia) e o império selêucida. Além disso, Antíoco não hesitou em usar os judeus como colonos em partes distantes de seu império para estabilizar áreas fronteiriças contestadas. Se fossem fiéis às leis de seus ancestrais, esses colonizadores não se alistavam em nenhum exército por causa do sábado, mas ocupavam pacificamente a terra e, desse modo, asseguravam a máxima segurança.

É lógico supor que, em consequência da carta régia, chegaram à fértil Galileia colonizadores judeus de várias partes do império selêucida, enviados expressamente, ou como voluntários. É também razoável supor que o tráfego acarretado pelas peregrinações e pelo envio de oferendas para o Templo levasse à criação de paradas na rota terrestre da Mesopotâmia, que passava por Damasco e Citópolis (Betsã). Essas suposições têm certo apoio dos resultados de levantamentos arqueológicos da Galileia, que mostram, para o período helenístico, uma população pequena antes do século II e, depois, um assentamento rural de larga escala, mas espalhado e sem muita coisa no que diz respeito a cidades. É sinal de que o plano de ação de Antíoco III estava funcionando. Apesar da operação de resgate dos judeus galileus que vimos antes, a ligação social e política da Galileia com a Judeia permaneceu um tanto vaga até a reorganização de toda a região pelos romanos, depois de 64 a.C. Por outro lado, os laços com a Babilônia permaneceram fortes e eram constantemente reforçados por peregrinações e outros contatos.

O que se destaca de tudo isso é a posição excepcional dos judeus da Galileia. Eles não tinham nenhuma ligação identificável com o antigo Reino do Norte (Israel) nem com os samaritanos; não faziam parte da entidade política da Judeia; e, apesar da narrativa de Josefo a respeito dos itureus, eles não resultaram da circuncisão forçada de tribos locais. Entretanto, veremos que tinham uma identidade cultural muito marcante.

2. Em torno de Herodes, o Grande

O jovem Herodes começou sua carreira militar e política na Galileia. Ele era filho de certo Antípater, que subira ao poder sob o último dos reis hasmoneus da Judeia. Na realidade, está claro que a Judeia, como seus vizinhos, já passara para o domínio romano. Antípater não era judeu por ascendência, mas um idumeu que aceitara a circuncisão. Herodes jamais conseguiu livrar-se da imputação de ser, quando muito, "meio judeu". Entre outras proezas que realizou na Galileia, ele subjugou certo Ezequias e seu bando de "sicários" que estavam à solta na fronteira síria. Mas seguiu-se um julgamento perante o Sinédrio em Jerusalém, e Herodes foi perseguido pelos fariseus. Foi o começo de uma luta entre Herodes e os fariseus que durou todo o seu reinado. De fato, esse Ezequias não era simplesmente um bandido; é considerado o ancestral dos nacionalistas religiosos militantes, que Josefo representa como uma "quarta filosofia". Os "sicários" eram, portanto, judeus antirromanos, a quem os fariseus da época eram favoráveis. Concentravam-se na Galileia.

Em 40 a.C., Herodes fez-se nomear pelo senado romano rei da Judeia. Obteve essa promoção graças a uma guerra contra os partos, o grande poder do Oriente, onde Roma precisava de aliados. No ano seguinte, com o apoio dos romanos, Herodes desembarcou em Ptolemaida, a fim de conquistar a Judeia. Josefo afirma que, "com algumas exceções", toda a Galileia juntou-se rapidamente a ele, que seguiu para Jerusalém com forças cada vez maiores. Mesmo assim, ele foi obrigado a voltar para a Galileia, a fim de consolidar seu controle da província. Entrou em Séforis sem nenhuma luta, mas teve de empenhar forças consideráveis em um combate difícil contra "sicários que viviam em cavernas".

Josefo conta como, depois que a principal força do inimigo fora derrotada, foi feito um assalto às cavernas onde os últimos adversários resistiam. Eles estavam nos rochedos de Arbela, acima de Mágdala, às margens do Lago (*Ant.* 14 §§421ss). Um incidente notável: a ponto de ser capturado, um idoso (ou "ancião") recusou-se a se entregar e preferiu matar a mulher, os sete filhos e atirar-se do penhasco. Herodes estava no local e estendeu a mão em sinal de perdão, mas o outro, antes de pular, não se apressou e gritou-lhe insultos por causa de sua origem estrangeira. Assim, esses não eram sicários que se entregavam à pilhagem por ganho; na verdade, o episódio parece-se com aqueles, um século mais tarde, dos prisioneiros em Jotapata, e até mesmo os suicídios coletivos em Gâmala e Massada. Parece que esses sicários eram parecidos com o Ezequias que tinha sido derrotado por Herodes dez anos antes: sua mão estendida expressa a esperança de alcançar não só a vitória, mas também reconhecimento. Em todo caso, é digno de nota que Herodes buscou o apoio dos galileus, como o próprio Josefo iria fazer em circunstâncias similares.

Josefo conta mais adiante (*Ant.* 17 §§23ss) como, em um período que não está bem definido, mas provavelmente logo depois do início de seu reinado, Herodes queria proteção da fronteira nordeste contra invasores, provavelmente beduínos árabes ou nabateus que operavam a partir de Traconítide. A fim de estabelecer uma zona tampão em Bataneia (Golã), o rei criou um assentamento judeu pacífico que protegia a rota de peregrinação e também o distrito. Ele instalou um grupo de judeus babilônios que já estavam na Síria e que os romanos olhavam com bons olhos. Deu-lhes terras para cultivar e isentou-os de impostos. O líder, chamado Zamaris, construiu uma cidade, Batira, e várias fortalezas. Convocou de toda parte "pessoas fiéis aos costumes judaicos". A isenção de impostos e a situação remota eram muito atraentes, em especial para quem tinha alto grau de motivação religiosa, mas não estava interessado em ajudar ambições políticas. A escolha por Herodes de judeus babilônios que não estavam interessados em política foi com certeza inteligente, principalmente em vista dos vizinhos galileus na outra margem do lago, que o naviam repelido; eles também tinham vindo da Babilônia em migrações anteriores.

Quando Herodes morreu, em 4 a.C., a situação mais uma vez tornou-se confusa, com disputas de sucessão em torno de Arquelau, abuso de poder pelo exército romano e vários levantes, em especial por ocasião das peregrinações a Jerusalém na Páscoa e em Pentecostes. O fator religioso era responsável por grande parte dessas revoltas, que foram sufocadas por Varo, governador da Síria, que demonstrou clemência para com Jerusalém, mas foi impiedoso quanto aos "sicários".

Na Galileia, Séforis estava no centro de uma rebelião conduzida por Judas de Gâmala, que procurava tirar proveito da fraqueza de Jerusalém e assumir o governo. A revolta foi sufocada e a cidade destruída pelo filho de Varo (*Ant.* 17 §289). Esse Judas não é outro senão Judas, "o Galileu", fundador, *juntamente com um fariseu*, da "loucura" que Josefo foi forçado a chamar de "quarto partido" (*Ant.* 18 §§4s). Judas é representado como "filho de Ezequias", que era, já se vê, aquele que Herodes derrotara havia mais de quarenta anos. Obviamente, Judas era seu sucessor, não seu filho: as datas estão separadas demais e não há nenhuma genealogia, por isso o sentido aqui tem de ser que eles eram da mesma "estirpe".

No tempo do recenseamento fiscal sob Quirino, em 6 d.C., Judas tinha influência suficiente para incitar a ampla resistência ao poder e aos impostos romanos em toda a Judeia. Daí o cognome "o Galileu", que com certeza foi dado por outros e pressupõe apreciável influência fora da própria Galileia; como podia ser aplicado a quem fosse natural do Golã em vez da

Galileia, sua conotação, nesse contexto, não é primordialmente geográfica. Tal influência não surgiu da noite para o dia, e foi contra esse partido profundamente antirromano que Varo agiu com maior severidade. Assim, a Galileia judaica fortaleceu-se sob Herodes, a ponto de assumir importância nacional que depois só irá crescer. Juntamente com isso, precisamos reconhecer o fato de que os fariseus nunca quiseram submeter-se a Herodes, que os temia e perseguia (ver *Ant.* 17 §§41ss). Embora se tratasse apenas de uma província rural sem grande importância econômica ou estratégica, as manobras de Herodes e a instabilidade social depois de sua morte mostram a dificuldade e também a importância de ter o controle da Galileia.

II. Hilel e a Galileia

A seção anterior, que mostrou o comportamento de Herodes com referência à Galileia e aos fariseus, prepara o cenário para o aparecimento de Hilel, o Velho, e um meio de avaliar as fontes rabínicas que o mencionam. Ele é um dos grandes personagens fundadores do judaísmo normativo e o primeiro a quem a tradição confere o título de patriarca. É também com ele que a tradição rabínica começa a notar controvérsias, que confundiram comentaristas mais tardios; assim, ele reúne diversas correntes distintas. Veio da Babilônia e viveu no tempo de Herodes, mas nada mais podemos dizer a seu respeito.

1. Uma entronização distante

Josefo, que só tem olhos para o que conta socialmente, ignora Hilel, mas menciona Shemaia e Abtalião, que precedem imediatamente Hilel e Shamai na lista de transmissores da tradição dada na Mixná (*MAb* 1,10ss). A narrativa da posse de Hilel como patriarca só é dada pelas fontes rabínicas, e seu principal interesse está nos indícios que proporciona de uma importante descontinuidade entre ele e seus predecessores imediatos. O acontecimento é relatado em diversas formas similares; a versão mais longa e mais bem documentada está no Talmude de Jerusalém (*YPes* 6,1 p. 33a). Passa-se em Batira, o assentamento judeu estabelecido por Herodes no Golã.

Aconteceu certo dia que o 14 de Nisã caiu em um sábado e (os Anciãos) não sabiam se o sacrifício da Páscoa tinha precedência sobre o sábado ou não. Eles disseram: "Há aqui um certo babilônio chamado

Hilel, que estudou com Shemaia e Abtalião. Ele sabe se a Páscoa tem precedência sobre o sábado" – "Ele pode ajudar?" Foram procurá-lo. Disseram-lhe: "Já ouviste dizer se, quando cai no sábado o 14 de Nisã, este tem ou não precedência sobre aquele?"

Hilel procura demonstrar o fato com vários argumentos baseados principalmente na Bíblia e empregando suas regras de interpretação, mas os outros refutam suas explicações ou as contestam, e então concluem: *"Este babilônio não tem nada a oferecer!"*

Embora ele ficasse o dia todo dando-lhes explicações, eles não o aceitaram até lhes dizer: "Ai de mim! Foi isso que recebi de Shemaia e Abtalião". Quando ouviram isso, levantaram-se e o designaram patriarca.

O exame pelo qual Hilel passa é notável por mais de uma razão:

a) A entidade que interroga Hilel tem o poder de designá-lo *"patriarca"*, ao menos no sentido de diretor de escola. De modo algum afirma-se ser essa entidade um sinédrio; são apenas os "Anciãos de Batira", que provavelmente não são mencionados alhures, mas têm fortes laços com a Babilônia.

b) Os mestres mencionados, Shemaia e Abtalião, são autoridades reconhecidas por todos, mas estão ausentes e não foram substituídos.

c) O perfil do candidato procurado é muito especial: um babilônio que tenha sido instruído por mestres fariseus na Judeia. Entretanto, no relato em questão, alguns contestam o babilônio como tal. Assim, existe um problema para unificar correntes diversas.

d) O contexto da pergunta feita não é convencional, mas indica uma emergência concreta que não se resolve nem por uma tradição firme, nem por uma autoridade no local capaz de decidir. A Mixná, pelo menos na forma em que foi publicada dois séculos mais tarde, é desconhecida, mas não há nenhum tribunal ou mestre investido da necessária autoridade por causa da quebra de continuidade.

e) A pergunta em si é estranha, pois, segundo o calendário lunar, a Páscoa cai no sábado a cada sete anos em média. É um tanto improvável que a assembleia toda, apta a promover Hilel, esquecesse uma questão de costumes tão geral e tão simples.

A maneira como esse episódio é formado apresenta alguns problemas. A entronização de Hilel mostra uma quebra de continuidade entre

Shemaia e Abtalião e seus sucessores, em um ambiente de crise, e desconfiamos que Herodes tenha eliminado esses mestres juntamente com o resto do sinédrio. Josefo é bastante complicado para explicar a questão de Herodes ter ou não agido contra o sinédrio logo que subiu ao poder. Entretanto, suas manobras nos dão algumas informações úteis: ele tem dificuldade para localizar Shemaia (ou Samaias/Sameas) e Abtalião (ou Polião) em um contexto histórico, e não fala deles em *Guerra judaica* (ver *Ant.* 14 §§172ss; 15 §§3-4; §370). No entanto, ele sabe ou, antes, aprendeu que na lembrança dos fariseus eles eram importantes; assim, embora tenham desaparecido sob Herodes, sua reputação em certos círculos fê-los merecer influência duradoura. Josefo tenta isentar Herodes de culpa, sugerindo que seus expurgos aconteceram antes de Shemaia e Abtalião saírem de cena.

É possível, contudo, explicar a descontinuidade antes de Hilel de outra maneira. A sucessão tradicional de Shemaia e Abtalião para Hilel (e Shamai, outra forma do nome Shemaia) talvez não seja mais do que um simples estratagema literário. Nesse caso, a narrativa da designação de Hilel com o título anacrônico de patriarca combina a origem na Babilônia, representada pela colônia de Batira e Hilel, com o ensinamento dos fariseus em Jerusalém, representado por Shemaia e Abtalião. Assim, simboliza as diversas fontes da tradição rabínica.

Resta-nos explicar o surgimento dos Anciãos de Batira, que não são, de modo algum, um grupo permanente. Aí, mais uma vez, Josefo se trai: ele diz que muitos vieram instalar-se na colônia fundada por Zamaris, *pois ali se sentiam seguros*. Herodes perseguiu os fariseus na Judeia, mas não tocou na situação dessa colônia por razões muito claras de bom senso quanto aos judeus babilônios e os partos, que agora governavam a Babilônia: os últimos eram sempre inimigos em potencial e, às vezes, inimigos reais de Roma e tinham invadido a Judeia em 40 a.C. Assim, a colônia era um refúgio, talvez problemático em tempos de acontecimentos dramáticos, mas de qualquer modo precioso para todos os que não tinham esperança de receber proteção de círculos sacerdotais sob o poder de Herodes. Em circunstâncias longe de serem claras, foi feita com o babilônio Hilel uma coalizão informal e não necessariamente duradoura, que *posteriormente* certos círculos julgaram ser sucessora do sinédrio. Sem dúvida a princípio simples irmandade, isto é, sem mestres profissionais, esse grupo mais tarde foi considerado escola e, por fim, a academia principal.

2. Pergunta fundamental a respeito da Páscoa judaica

A pergunta feita a Hilel proporciona mais informações. Como vimos, é difícil imaginar que todos esquecessem o preceito que se aplica em média a cada sete anos no calendário lunar. Por outro lado, a pergunta não faz sentido em termos do calendário solar representado por *O livro dos Jubileus*, que é independente da lua e divide o ano em quatro trimestres de dezesseis semanas, ou 364 dias; cada trimestre começa em uma quarta-feira (quarto dia da semana) e, assim, o 14 de Nisã, como vimos (cap. 2, §II,1), deve sempre cair em uma terça-feira e jamais coincide com o sábado.

Há, entretanto, uma situação na qual a pergunta tem um sentido simples e concreto. Se o calendário acabou de ser mudado para a adoção do sistema lunar, a coincidência da Páscoa e do sábado vai ser um novo problema que inevitavelmente surgirá um dia. Se vários grupos sob a pressão da perseguição se reunissem em Batira – o que é perfeitamente plausível sob Herodes –, é compreensível que em um ambiente de crise eles procurassem se confederar, pelo menos temporariamente; mas é óbvio que não havia nenhum mestre de autoridade reconhecida. A esse respeito, a escolha de Hilel, babilônio que também fora discípulo dos fariseus de Jerusalém, está de perfeito acordo com o espírito da tradição rabínica: dos dois fundadores da escola de Iavne, Yohanan b. Zakkai era discípulo de Hilel, e Gamaliel II era importante fariseu de Jerusalém.

A resposta final de Hilel não é formulada diretamente. Talvez ele seja escolhido precisamente porque estava preparado para aceitar diferenças, ou talvez os que fugiram da Judeia só aceitem um babilônio se os outros adotarem o calendário lunar. Qualquer que seja o valor dessas conjeturas, está comprovado que com Hilel a tradição rabínica começa a registrar debates internos, que subentendem diferenças sutis entre tradições diversas: Shamai é inseparável de Hilel e suas "escolas" sobreviveram a eles. Finalmente, vemos como o argumento da Escritura é desacreditado e que importância é atribuída à tradição oral, o que é visível especialmente em uma situação quase de descontinuidade e crise.

Mesmo assim, a visível ignorância de Hilel a respeito da Páscoa é estranha e exige explicação. É digno de nota que, na discussão, ele não apresente nenhum costume babilônio (na verdade, nenhum foi exigido). Há dois jeitos de interpretar essa falta de referências à Babilônia. Como vimos (cap. 2, §II,3), a Páscoa tem dois significados: a comemoração da saída do Egito e a festa da chegada à terra prometida. Se dermos prioridade ao segundo aspecto, pode parecer lógico não celebrar a Páscoa fora da terra. Esse seria um jeito de interpretar Ex 12,25, que especifica que o rito do cordeiro deve ser observado "quando tiverdes entrado na terra que o SENHOR vos dará". Além disso, Dt 16,1ss exige que o cordeiro seja comido "no lugar que o SENHOR teu Deus tiver escolhido". Se isso quer dizer Jerusalém, exclui-se uma celebração alhures; alternativamente, esse lugar único ainda não foi designado, o que pode bem convir a uma perspectiva sectária.

Seguindo uma segunda linha de interpretação, há vestígios de uma tradição babilônia que estranhamente desconhece a Páscoa:

1. O livro de Ester é a narrativa original de uma festa (Purim) que comemora a libertação dos judeus, depois da perseguição *no local*, na "Babilônia", enquanto no Êxodo, a libertação dos israelitas está ligada à migração do Egito para a terra prometida. No momento da opressão, Ester faz proclamar em 13 de Nisã (Est 3,12ss) três dias de jejum, o que é totalmente incompatível com o preceito de comer a Páscoa em 14 de Nisã. Naturalmente, é possível afirmar que a coincidência se dá apenas por acaso ou até, levando em conta a falta de certeza quanto ao calendário, que não há problema. Entretanto, suspeitamos que haja uma controvérsia, e é óbvio que o ponto de vista da narrativa é diferente por completo do subentendido na celebração da Páscoa.

2. O tratado da Mixná sobre a proclamação da Escritura (*Megila*, "o Rolo") trata primeiro do rolo de Ester e dá detalhes da maneira como deve ser escrito, lido e traduzido; só depois trata do Pentateuco, por analogia. Essa ordem notável é o sinal de grande importância dada em certo momento à festa de Purim. A tradição rabínica mostra que em certa ocasião essa festa foi rebaixada, de modo que deu lugar ao sábado. Simetricamente, a pergunta feita a Hilel pressupõe um contexto no qual a Páscoa passou a ser mais importante que o sábado. No fundo de um debate técnico sobre a promoção da Páscoa em vez de Purim, há, obviamente, um problema vital quanto à importância a ser ligada à imigração para a terra de Israel ou mesmo a peregrinações. Não é de modo algum improvável que os babilônios preferissem Purim em casa e nada tivessem a dizer quanto à Páscoa.

A quebra de continuidade que se resolve com a promoção de Hilel não é a primeira de seu tipo, nem a última. Está claro que, enquanto os influxos da Babilônia são permanentes e a difusão e popularidade do movimento dos fariseus certas, em especial na diáspora, como Josefo enfatiza, a criação de uma continuidade farisaica na Judeia é sempre muito frágil e defronta-se com o poder civil e, também, o sacerdotal. A situação precária dos fariseus na Judeia contrasta com uma presença na Galileia que é mais estável, embora mais discreta.

Antes e depois de Herodes, o judaísmo da Galileia, criado por numerosas imigrações da Babilônia, era cheio de vida e variedade, e enraizava-se fortemente na zona rural. O movimento chamado propriamente "galileu", no sentido estrito de zelote, representa apenas parte dessa variedade, embora parte significativa. É o traço claro, continuamente renovado por meio de peregrinações, de uma tendência política ligada ao sonho perseverante de Jerusalém e do Templo, e oposto às autoridades constituídas na Judeia. Herodes perseguiu os fariseus na Judeia, mas esforçou-se bastante para adquirir legitimidade judaica, em especial na Galileia. Ele percebeu claramente a posição importante dessa parte remota de seu reino. Foi em seu reinado que o empreendimento excepcional de Batira foi fundado e que Hilel surgiu em uma situação de crise.

III. A Galileia que Jesus conheceu

Antes de prosseguir com a história da Galileia, precisamos fazer uma pausa. Já vimos o bastante para fazer uma ideia do ambiente galileu em que Jesus chamou os primeiros discípulos. Esse ambiente era rural, efusivo e muito diferente em cada lado do lago, o que propicia um cenário para muitos detalhes dos evangelhos. Pode ser útil apresentar uma pequena lista de aspectos característicos que esclareçam o ambiente original de Jesus e dos discípulos.

1. Nos evangelhos, Jesus vem de Nazaré, mas essa é precisamente a cidade da qual ele sai (mais adiante, examinaremos o significado da palavra "nazoreu" e sua relação com o lugar chamado Nazaré: cap. 5, §II,2). Sua "cidade" era antes Cafarnaum, no lago, não longe de Tiberíades (Mc 2,1; 3,20; 9,33), onde escavações arqueológicas mostraram claramente que antes de Herodes existia uma aldeia de pescadores. Era conhecida de Jesus e ali ele chamou discípulos que eram pescadores e marinheiros experientes.

2. Falando de modo geral, identificamos uma oposição entre círculos zelotes a oeste do lago de Tiberíades e outros a leste, que eram mais

submissos. Esse lago desempenha importante papel nas viagens de Jesus, não só do ponto de vista da geografia, mas também pelo simbolismo da água e da pesca. Além do tema de atravessar o lago, as muitas referências ao "outro lado" agora se destacam (ver Jo 6,1 etc.). A maldição simétrica de Betsaida e Corazim (Mt 11,21 par.) inclui os dois lados. A primeira multiplicação dos pães acontece na margem ocidental, com doze cestos (Mt 14,13-34 par.); a segunda, na margem oriental, com sete (Mt 15,32-39 par.). Essas comunicações entre as duas margens não tinham originalmente o propósito de construir uma ponte entre a Decápolis dos gentios e a Galileia judaica, mas entre duas tendências opostas dentro da mesma cultura. A cultura em si era muito fechada e Jesus viera apenas "para as ovelhas perdidas da casa de Israel".

3. O ambiente de referência é rural e altamente motivado do ponto de vista religioso, com tendências diferentes empenhadas em debate, ou mesmo conflito. A última pergunta que os discípulos fazem a Jesus antes da ascensão (At 1,6) diz respeito à restauração do Reino para "*Israel*". A passagem não leva em conta, de modo algum, a verdadeira Judeia dos sucessores de Herodes. É antes sinal de um sonho de libertação tipicamente zelote, que também se encontra na terceira tentação (Mt 4,8ss), no desapontamento dos dois discípulos que vão de Jerusalém para Emaús e na escolha de Barrabás, que era um "sicário", isto é, não assaltante comum, mas galileu da espécie mais pura, segundo a terminologia de Josefo. Jesus resistiu ao ativismo político e ao messianismo transformado ou, mais exatamente, ele o redefiniu em termos bíblicos apropriados. Por outro lado, enquanto andava pela Galileia e chamava discípulos, ficou bem longe de Séforis e Tiberíades, as duas únicas cidades de fama na Galileia; elas estavam efetivamente sob o controle romano por intermédio da dinastia herodiana. A julgar pela vã tentativa de Josefo, durante a revolta, de unificar a Galileia pelo domínio dos conflitos entre essas cidades e os galileus intransigentes nos distritos rurais vizinhos, está claro que o ambiente de Jesus e dos discípulos assemelha-se ao dos "galileus". Esse rótulo tinha conotações bem marcantes, religiosas e também políticas, embora Jesus mantivesse sua independência.

4. O grupo que seguia Jesus era realmente muito variado. Incluía Mateus, o publicano, e Simão, o cananeu (dois que eram, em princípio, opostos, e correspondiam às duas margens do lago) e também Joana, mulher de um alto funcionário de Herodes Antipas, que representa um terceiro

enfoque oposto, ligado às classes governantes das cidades, em especial a nova – e escandalosa – capital Tiberíades. Discípulos de João Batista deixaram-no para seguir Jesus. Em Jerusalém, para a Última Ceia, Jesus ocupou uma sala da qual os discípulos não tinham conhecimento, pois estavam ali apenas em peregrinação; assim, Jesus tinha outros contatos fora da Galileia. As controvérsias entre os discípulos de Jesus e os "fariseus" a respeito da purificação antes de comer (cf. Mc 7,1ss; Lc 11,38) mostram que eles compartilham uma cultura religiosa comum ou similar, que também está próxima da dos essênios; por outro lado, ele se opunha aos fariseus, mantendo a primazia da Escritura sobre a tradição oral. Alguns escribas aceitavam Jesus, enquanto outros o rejeitavam; todos defendiam as Escrituras e eram adversários dos fariseus.

Todas essas tendências formam uma imagem do judaísmo da Galileia, na qual dificilmente se encontram saduceus ou sacerdotes. Jesus atravessou todas essas barreiras, embora ainda permanecesse no judaísmo. Ele até mesmo andou em companhia de "pecadores", leprosos e prostitutas, mas seus contatos com os gentios não passaram de alguns gestos simbólicos, que eram certamente o máximo que seu ambiente tolerava. Tais gestos eram sempre realizados na frente de espectadores judeus; é esse o sentido do "sinal de Jonas", que se destinava aos israelitas (até o pior dos profetas é capaz de converter uma capital gentia, enquanto Israel continua resistente). A essa lista de transgressões, podemos acrescentar a visita aos samaritanos, que seguiam o texto escrito e aguardavam um novo Moisés, e que fizeram um reconhecimento de Jesus dos mais solenes. Todos esses cruzamentos de fronteiras reunidos indicam que Jesus não tinha medo de se expor à impureza. Fundamentalmente, ele não tinha medo dos *outros*.

5. Assim como João Batista estava cercado de discípulos singulares, também Jesus, que chamou e formou um grupo. Dentro desse grupo, ele era reconhecido como o Mestre ("Rabûni"), mas não era uma escola no sentido próprio da palavra: os apóstolos foram posteriormente considerados pessoas "simples e sem instrução" (At 4,13). Isso não significa necessariamente que eles eram ignorantes; somente não se encaixavam em nenhum sistema reconhecido de capacidade doutrinal. O grupo vivia em comunidade, um tanto isoladamente, e seguia costumes próprios, dos quais a Última Ceia é exemplo perfeito. Assim, era na verdade uma irmandade, mais ou menos itinerante, com organização própria, que ao mesmo tempo se incumbia de anunciar a todos que o Reino estava próximo. O ambiente

galileu era favorável a ambiguidades políticas, como torna-se aparente até pela acusação escrita fixada na cruz de Jesus.

6. Jesus foi diversas vezes a Jerusalém, sozinho ou em grupo. Embora censurasse o Templo, nunca deixou de ver nele o centro das promessas. No momento decisivo, ele insistiu em confrontar as autoridades, apesar do conselho dos discípulos (ver Mt 16,22 par.). É perfeitamente possível que alguns deles nunca tivessem feito a peregrinação antes, pois, embora fossem adultos, olhavam admirados para a arquitetura. Ao voltar da Judeia passando pela Samaria, Jesus prevê o fim dos dois lugares de culto, em Jerusalém e em Garizim (Jo 4,21ss), e segue seu caminho para a Galileia. O horizonte é uma vez mais o judaísmo da Galileia, mas com alguns vislumbres de perspectivas mais amplas.

7. A extrema importância das peregrinações, que são ocasiões de encontro e conflito, está enfatizada nos evangelhos, especialmente por Lucas. São relatadas numerosas controvérsias entre Jesus e outros judeus quanto ao sábado, à pureza, à autoridade da tradição oral etc. Entretanto, em seu julgamento, nenhuma observância errada foi apresentada como motivo para acusação, mas unicamente a acusação a respeito do Templo e, assim, peregrinações. Isso é significativo. Como muitos outros antes dele, Jesus e seus companheiros tinham opiniões sobre o Templo e o que ele deveria ser, e essas opiniões, na medida em que atraíam apoio, eram consideradas ameaça pelas autoridades, quer pelo sumo sacerdote, quer pelo governador romano. O fato de compararem Jesus com Judas, o Galileu, e Teudas (At 5,35ss) mostra onde estava o problema.

As fontes estudadas revelaram alguns fatores simbólicos e religiosos que explicam a obsessão de Josefo pela Galileia. Circunstâncias socioeconômicas, fomes e opressão política também desempenharam sua parte. Mas os estudos da Galileia nesse período, que consideram decisivos esses fatores materiais, não alcançaram nenhuma síntese coerente dos aspectos específicos da cultura local, embora ponham em jogo noções como "povo da terra" ou "os pobres". Eles acabam por fazer do Jesus histórico uma figura um tanto irreal, que por acaso surgiu na Galileia, mas sem raízes tradicionais ali.

Jesus não foi nem o primeiro nem o último reformador "fariseu" ou "galileu" a meter-se em apuros com as autoridades de Jerusalém. Seu perfil associa-se a dois tipos religiosos conhecidos, que às vezes se opõem: o mestre, com uma palavra que conta ("rabûni"), inconfundível com o escriba, e o *hassid*, repleto do Espírito, bem evidenciado em fontes rabínicas, com um comportamento que às vezes é paradoxal e se mantém afastado de círculos eruditos. Todos os que têm origem conhecida vêm da Galileia. Esses *hassidim* têm, de fato, o mesmo nome que os hassideus do tempo dos macabeus (ver 1Mc 2,42). Esses últimos têm de ser considerados antecessores dos fariseus ("separados") e dos essênios ("fiéis"); antes designação de grupos diversos, o adjetivo tinha sentido similar. Nenhum dos termos restringe-se à definição de Josefo, que reflete uma situação mais tardia que a queda de Jerusalém. Em especial os essênios, os *hassidim* da Galileia e os fariseus do NT têm alguns pontos em comum. Notavelmente, todos são capazes de fazer as Escrituras falarem ao presente. Assim, para favorecer nossa pesquisa, precisamos continuar o estudo dos amplos esboços da história da Galileia judaica.

IV. Antes e depois da queda de Jerusalém

As atividades de Josefo na Galileia, na guerra de 66 d.C., e a criação ali das escolas que produziriam as compilações normativas da tradição rabínica mostram que a Galileia continuou a ser importante em termos estritamente judeus, muito tempo depois de Jesus.

1. Josefo e a Galileia

As dificuldades de interpretar a guerra de 66 na Galileia são bem conhecidas. Josefo desempenhou importante papel nela, mas os dois relatos que ele faz, um vinte anos depois do outro (*G.J.* 2 §§430ss e *Vida* §§20ss), são tão inconsistentes, que nenhuma reconstituição firme dos fatos parece possível. Segundo as duas versões, Josefo tentou responsabilizar-se pela autoridade civil, ao mesmo tempo que ficava atento a qualquer ameaça dos romanos. Em seu primeiro relato, mais belicoso, ele salienta seu esforço na organização cívica, e até dá a impressão de estar reconstruindo a nação a partir da Galileia, o que dá uma ideia da importância que a região tinha para ele.

A missão de Josefo na Galileia define-se com maior exatidão observando-se seus adversários, que eram de um tipo bem diferente. No campo galileu ativista, ele tinha na Alta Galileia um rival, João de Giscala, que tentou fazer com que ele fosse chamado de volta pelas autoridades religiosas de Jerusalém. Na província como um todo, ele tinha outro rival, Justo, que também procurava dominar as divisões entre o povo com um programa mais político; a diferença entre eles era que Josefo tentava fazer isso na base dos galileus da zona rural, e Justo fazia sua tentativa a partir de Tiberíades.

Esse último detalhe mostra claramente qual era a verdadeira missão de Josefo na Galileia e por que ela ainda tinha importância tanto tempo depois em Roma. Em ação, ele se apoia nos camponeses galileus, o que explica sua rivalidade com João de Giscala. Entretanto, posteriormente, ele os trata com desdém: afirma que suas características judaicas são muito recentes, que o movimento de Judas, o Galileu, foi loucura etc. Portanto, ele ficou desapontado e percebemos por quê. Convencido da supremacia de Roma, ele planejava restaurar na Galileia uma nação que fosse unificada e aceitasse uma subordinação razoável; assim, dispôs-se a reconciliar a zona rural (os galileus) com as cidades, que já estavam subordinadas a Roma.

Josefo fracassou por causa da intransigência dos galileus, inacessíveis ao acordo político. Eis aí a origem de sua vendeta contra João de Giscala, o incorruptível representante desse movimento, primeiro na Galileia e depois em Jerusalém. Está claro que esses galileus tinham uma identidade muito forte, social, cultural e religiosa, exatamente como no tempo do jovem Herodes, que precisou do reconhecimento total deles para estabelecer sua legitimidade. João de Giscala também tinha relações estreitas com fariseus notáveis de Jerusalém, em especial Simão ben Gamaliel, pai de Gamaliel II, o segundo fundador de Iavne. Embora não fossem zelotes, eles compartilhavam os mesmos pontos de vista e talvez tivessem a mesma origem, na Galileia judaica tradicional.

2. A academia de Iavne

Em *Vida*, Josefo não dá realmente detalhes que expliquem por que tornou-se mais pró-fariseus, embora permanecesse afastado da tendência representada por João de Giscala e Simão b. Gamaliel. Embora ele não mencione, esse período corresponde ao nascimento e avanço da academia de Iavne, que está na base da tradição rabínica.

Duas personalidades ilustres estão na origem dessa instituição: o fundador, Yohanan b. Zakkai, e seu sucessor imediato, Gamaliel II. A cidade de Iavne-Jâmnia, situada entre Jafa e Ascalom, e o território adjacente foram dados por Herodes a sua irmã, Salomé, como propriedade pessoal. Quando ela morreu, a propriedade passou para a imperatriz romana Lívia, e depois parece ter se tornado propriedade particular de seu filho Tibério. Sua situação legal exata nessa época não está de todo clara, mas podemos pelo menos dizer que, juridicamente, não fazia parte da Judeia. Entretanto, Fílon informa que a população era, em sua maioria, judaica (*Legação ao imperador Gaio* §§ 200-203).

Em 68 d.C., quando a guerra na Galileia estendeu-se para a Judeia, Vespasiano trouxe consigo "muitos cidadãos que tinham se rendido a ele em troca de certos direitos", e instalou tropas em Iavne e Ashdod (*G.J.* 4 §130). Mais tarde, em circunstâncias sobre as quais Josefo não tinha nada a dizer, ele sufocou rebeliões, principalmente em Lod e Iavne, e "ali assentou como habitantes um número suficiente de judeus que se reuniram a ele" (*G.J.* 4 §444). A ligação entre os acontecimentos é irregular, mas por trás deles discernimos uma atitude inteligente no momento em que a desordem ameaçava o fim do reinado de Nero; exatamente como Herodes fizera com a colônia em Batira, Vespasiano assentou em lugares escolhidos judeus que lhe eram fiéis. É provável que vivessem em residências fixas, ou pelo menos sob fiscalização, mas o fato notável é que esses judeus vieram da Galileia.

É esse o contexto no qual interpretamos os dados rabínicos muito fragmentários a respeito da fundação por Yohanan b. Zakkai. Há duas versões da história, que os historiadores têm dificuldade em reconciliar. Segundo uma delas, ele se entregou a Vespasiano, vaticinou que ele seria imperador, e obteve permissão para estabelecer-se em Iavne com alguns mestres. A outra conta como, depois de, na Jerusalém sitiada, tentar em vão persuadir os concidadãos a desistir de uma guerra inútil, ele fugiu da cidade escondido em um caixão, a fim de se entregar a Vespasiano e obter concessões. A vida ativa de Yohanan antes de Iavne, conhecida apenas por meio de fontes rabínicas, consiste em ter mantido uma escola durante vinte anos em Arab, perto de Séforis, portanto na Galileia (*YShab* 16,8, p. 15d). Ele é considerado o último discípulo de Hilel, o Velho (*BMeg* 13a).

Essa conclusão, que atribui à escola de Iavne um início modesto *antes* da queda de Jerusalém, esclarece outros pontos. Primeiro, Yohanan nunca cita o mestre Hilel (ou qualquer outro), mas lhe são atribuídas muitas decisões concernentes ao calendário e a ritos, que às vezes envolvem discussões com "o povo de Batira", quer dizer, com os círculos de origem babilônia que haviam estimulado Hilel. Assim, ele não foi principalmente transmissor, mas, em circunstâncias que o exigiam, organizador que enfrentou certa oposição. Sem dúvida sua escola foi originalmente uma irmandade sem autoridade legal sobre as outras.

O sucessor de Yohanan, Gamaliel II (fl. 90), tinha capacidades muito diferentes. Seu avô Gamaliel I, mestre de são Paulo, segundo os Atos, e seu pai Simão, mencionado por Josefo, eram fariseus proeminentes, conhecidos em Jerusalém. A Mixná (*MAb* 1,16) apresenta Gamaliel I na cadeia de transmissores, imediatamente depois de Hilel (e Shamai), mas sem indicar qualquer laço familiar ou relacionamento especial entre mestre e aluno; na verdade, atribui-lhe a diretriz de "escolher um mestre para si". Porém, qualquer descontinuidade é apenas insinuada: Yohanan e Gamaliel são considerados herdeiros da autoridade de Hilel, que combinava, como vimos, origem (ou cultura) babilônia com o ensino dos fariseus da Judeia e é, portanto, apresentado como antepassado comum deles. Assim, uniram-se diversas tendências.

Todos esses detalhes são importantes, pois ajudam-nos a caracterizar Gamaliel II. Ele reforçou o prestígio de Iavne, conseguiu que bons mestres e estudantes fossem para lá, manteve-se em contato com as autoridades romanas e visitou comunidades judaicas, principalmente na Galileia e em Roma. Sua autoridade permitiu que outras escolas, como a de Lod, progredissem e atraiu a Iavne uma série de pessoas de várias opiniões, como sugerem vários sinais, notavelmente o fato de ser adotada a Bênção contra os "sectários" somente com dificuldade (*BBer* 28b). Em questões de doutrina, Gamaliel II parece ter combinado tradição oral e Escritura, enquanto Yohanan b. Zakkai, herdeiro do babilônio Hilel, admitia apenas as tradições ancestrais.

Havia uma diferença ainda mais importante de natureza entre a fundação de Yohanan e o empreendimento de Gamaliel. O primeiro estabeleceu apenas um grupo restrito, originalmente com as mesmas dimensões de Batira. Gamaliel, ao contrário, procurou assumir a responsabilidade pela reorganização do povo depois do desastre de 70. Esse movimento teve diversas consequências importantes: a aliança de correntes diversas; o respeito pela Galileia; a insistência em escolas, em vez de irmandades; e, finalmente, o problema dos "sectários" (*minim*), que eram precisamente os que recusaram ou foram excluídos da aliança. Entre eles, estavam judeus fiéis a Jesus. Assim, a oposição judaica oficial a estes últimos assume uma nova forma. Até esse ponto, ela partia acima de tudo das autoridades de Jerusalém; agora procederá de círculos muito mais próximos deles, mas que pretendem representar o judaísmo todo.

3. A migração para a Galileia depois de 135

Pouca coisa é conhecida a respeito da história das escolas que se originaram em Iavne no final do século I e início do século II. Os indícios sugerem que havia ampla diversidade, acompanhada de debates animados. Havia também casos de exclusão, por conta da diversidade de opinião.

Depois do fracasso do levante chefiado por Simão "Bar Kochbá" (132-135), refugiados da Judeia emigraram para a Galileia. Entre eles estavam discípulos de Aqiba, que acreditara em Bar Kochbá e foi executado cruelmente pelos romanos. Ele foi um mestre que se especializou na ligação das tradições orais com a Escritura e, assim, na fusão de tendências diferentes. Uma assembleia dos discípulos de Aqiba realizou-se em data desconhecida em Usha, não longe de Haifa.

Essa assembleia de Usha, sem um patriarca, convidou os anciãos da Galileia para vir estudar com eles (ver o comentário midráxico *Cântico Rabbah* 2,16, no Cant 2,5). Eles vinham do leste, de uma distância de 16 a 64 quilômetros, correspondente a uma região que se estende de Séforis até a margem oriental do lago. A transferência de Iavne simboliza mudança no centro da autoridade e de instituições associadas. De fato, há diversos sinais diferentes, que subentendem hesitação entre a Galileia e a Judeia, que disfarçam oposições entre mestres e tendências. Politicamente falando, distinguem-se duas correntes principais. Os adeptos da primeira, de Judas, o Galileu, a Bar Kochbá, eram nacionalistas intransigentes, contrários aos romanos e mais ainda à influência romana. Os da segunda corrente, de Hilel à assembleia de Usha, que incluía também Yohanan b. Zakkai e a dinastia de Gamaliel, eram igualmente nacionalistas, em especial se comparados a Josefo, mas apesar de grandes diferenças doutrinais, eram não políticos, no sentido de não procurar a independência a qualquer preço, mas somente uma vassalagem tranquila. Portanto, a assembleia de Usha representa uma encruzilhada imediatamente depois do período difícil sob Adriano, com certa disputa pelo poder.

O centro de gravidade acabou por se mudar para Tiberíades. Essa cidade tinha uma história singular. Apesar de ter reconstruído e embelezado

Séforis, Herodes Antipas, assim nos relata Josefo, fundou Tiberíades por volta de 17-20 d.C., sobre um cemitério, em desacordo com a Lei judaica. Ele aparentemente assentou ali uma população mista, que incluía judeus proibidos de emigrar, deu-lhes vantagens tributárias e fez da cidade sua capital (*Ant.* 18 §§37ss). A tradição rabínica mais tardia menciona uma sinagoga em Tiberíades e visitas de Gamaliel II. Em meados do século II, Simão b. Yohai, atraído pelos banhos termais da vizinha Hama, começou a purificar Tiberíades, apesar de alguma oposição. Entretanto, a narrativa mostra que não foi um cemitério que ele purificou, mas os restos espalhados de antigos lugares de sepultamento (*YShebi* 9,1, p. 38d). Assim, Josefo exagerou a informação: quando Tiberíades foi fundada, não havia nenhum cemitério que pertencesse a um grande centro populacional, mas apenas alguns túmulos, e qualquer casa podia ser suspeita de ter sido construída sobre um desses túmulos. Um século mais tarde, o despertar de novas suspeitas e sua resolução por Simão b. Yohai pressupõem a tendência de construção em novo terreno.

Com toda a probabilidade, Antipas criou Tiberíades como ato de política local, ao instalar-se em um lugar importantíssimo para os galileus e também talvez simbólico, se as sepulturas eram as dos heróis da resistência. Como ele já tinha uma capital recém-reconstruída, devia estar tentando colocar no centro da Galileia rural tradicional um posto avançado de obediência romana ostentada inapropriada e agressivamente, enfatizada pelo nome do imperador e também pela colocação sobre as sepulturas. Isso explica a insuperável oposição entre a cidade e a zona rural vizinha, que derrotou Josefo exatamente quando ele procurava o apoio dos galileus. No século seguinte, depois de muitas revoluções, sábios menos ambiciosos alcançaram sucesso onde ele fracassou.

V. De irmandades a escolas

Acabamos de ver que o ambiente que produziu a Mixná, embora fortemente enraizado na tradição, passou por alguns notáveis avanços por volta da virada dos séculos I e II. Nesta seção, vamos examiná-los mais detalhadamente. Para esse fim, desenvolveremos melhor as analogias com os essênios (e com os discípulos de Jesus) às quais até agora só aludimos. Sua verdadeira importância entra em foco a respeito da questão toda de pureza. Em especial, examinaremos duas instituições que são especialmente bem definidas: as irmandades e o batismo dos prosélitos.

1. *O ideal da irmandade* (habura)

A tradição rabínica fala de uma organização de irmandades com requisitos religiosos extraordinariamente rigorosos. Essa organização é venerada como ideal que deixou muitas marcas na legislação da Mixná, mas não é recomendada, pois, por sua estrutura sectária, introduz um elemento de seleção no coração do povo. De fato, essas irmandades eram originalmente do tipo essênio, mas passaram a ser consideradas antes como escolas ou academias. Esse avanço, com etapas precisas que nem sempre são claras, é em si sinal de mudança de posição de um modelo sectário de renovação para a direção de todo um povo.

Segundo uma passagem da Mixná (*MHag* 2,7), as roupas do "povo da terra" contaminam o "fariseu" com uma impureza igual à dos gentios. Esses termos definem duas categorias bem distintas de judeus, e está claro que esses "fariseus" são um tanto diferentes dos que Josefo descreve e dos quais ele diz fazer parte: eles são precisamente os que se separam do "povo da terra". No contexto rabínico, devem realmente ser identificados com um tipo definido chamado *haber*, isto é, membro de um tipo especial de irmandade (*habura*), a respeito da qual as fontes dão alguns detalhes esparsos.

Certos textos rabínicos (por exemplo, *TDem* 2,2ss) dividem as pessoas em três classes: 1) o "povo da terra", que observa o ano sabático e as proibições dietéticas, mas não paga o dízimo regularmente nem observa a pureza levítica; 2) o "único digno de confiança" (*ne'eman*), que é escrupuloso quanto ao dízimo; 3) o "associado" (*haber*), que vai ainda mais longe e come em estado de pureza levítica, mesmo que não seja sacerdote. A fim de passar para uma das duas classes superiores, o candidato tinha de pronunciar um voto solene diante de uma "associação" (*habura*), tribunal de três pessoas qualificadas ou um mestre reconhecido. Essa última condição lembra o relacionamento entre mestre e discípulo, que está implícito no nome "essênio" e caracterizava os seguidores de João Batista e Jesus. Como não tinha nenhuma organização própria, a segunda classe era apenas uma fase preparatória para o estado de *haber*, na qual o candidato já não fazia parte do "povo da terra", mas ainda não estava integrado na associação ou irmandade. O processo de admissão consistia em duas fases, com a duração de um ano cada uma: primeiro, acesso a certa peça de vestuário e a alimentos sólidos puros; depois, acesso a outra peça de vestuário e a líquidos puros.

Esses arranjos são, de modo geral, notavelmente parecidos com o sistema descrito por Josefo para admissão entre os essênios (*G.J.* 2 §§137ss), que examinaremos mais detalhadamente adiante (cap. 6 §III,1). São parecidos também com as condições da *Regra da comunidade* de Qumran 1QS 6,13-23: período de experiência, juramentos diante da comunidade e acesso por etapas – primeiro, alimentos sólidos; depois, líquidos – à refeição comunitária, chamada precisamente "pureza". As ligeiras diferenças que ocorrem não são maiores que as incluídas nas controvérsias que se registram na tradição rabínica. Os alimentos das irmandades não são especificados; os batismos em sentido próprio, que marcam as etapas de admissão à irmandade, não são mencionados diretamente. Por outro lado, como vimos, a tradição rabínica assinala a importância do pão e do vinho com bênçãos especiais; voltaremos à questão do batismo. Mais uma vez, temos de nos ocupar com uma cultura religiosa que apresenta fortes analogias com a do ambiente original do cristianismo.

Embora a associação ou irmandade se oponha, como os essênios, ao resto do povo considerado perverso, a escola, ao contrário, se considera representante do povo todo. Mais tarde, as escolas tornaram-se normativas para todos, sem nenhum sinal de exclusividade e, principalmente, sem expulsão: "Um judeu, qualquer que seja seu pecado, continua judeu". Isso explica também por que a Mixná é tão amoldável e preserva todos os tipos de tradição que são estranhos a seu ambiente, em especial a respeito de Jerusalém, do Templo e do sacerdócio.

Encontramos mais tarde essa evolução de uma existência vaga marginal para a responsabilidade por todo um povo no axioma rabínico: "deve ser decretado só o que a maioria do povo pode seguir" (*BBabaB* 60b). Nós a encontramos também no surgimento de uma instituição surpreendente conhecida como "batismo dos prosélitos", que precisamos examinar.

2. O batismo dos prosélitos

Pergunta-se há muito tempo se havia uma ligação entre o batismo de João e o dos prosélitos descrito pela tradição rabínica, por causa das semelhanças óbvias. Surge uma dificuldade quanto a datas, pois, além de alguns textos que talvez aludam a alguma prática desse rito antes de 70, ela não é atestada nem pela Bíblia nem pelos autores clássicos Fílon e Josefo. Com respeito à judaização forçada dos idumeus, e depois dos itureus, Josefo menciona apenas a circuncisão. Do mesmo modo, ele só fala da circuncisão de Isatés, rei Adiabene; em seguida, da de Ázis, rei de Émeso, sem qualquer alusão à imersão (*Ant.* 20 §§34ss e 139ss). A solução mais radical do problema é decidir a questão com uma lógica simples: como não foi tomado de empréstimo dos cristãos, o batismo dos prosélitos deve ter existido antes como instituição judaica. Na verdade, o argumento continua – ele era necessário –, pois os gentios eram considerados impuros e, assim, precisavam de uma imersão. Isso, entretanto, é fugir do problema, pois, excetuando-se os essênios, a impureza dos gentios é mencionada apenas pelas fontes rabínicas (ver cap. 1, §II,1).

O batismo dos prosélitos está descrito detalhadamente no Talmude (*BYeb* 47 a-b). O ritual apresenta três peculiaridades notáveis. A primeira é que o batismo acontece depois da circuncisão, e não o contrário; em outras palavras, o neófito já faz parte do povo antes de ser batizado, o que forma um contraste interessante com a discussão em At 15,5, em que os fariseus exigem sem êxito que os convertidos recém-batizados sejam circuncidados para fazer parte do povo. A segunda peculiaridade é que a circuncisão e o batismo formam uma espécie de par: os dois são precedidos de um ensinamento preliminar parecido, que transmite alguns preceitos sérios e certos esclarecimentos. Há, portanto, algum tipo de duplo ingresso na Aliança: pela circuncisão e, depois, pelo batismo. Comparação interessante é feita com o ingresso ritual em Qumran (1QS 6,21s), com sua série associada de preceitos sérios e brandos. A terceira peculiaridade é que tem de haver três "testemunhas" no batismo (*BYeb* 46b), em oposição ao princípio rabínico universal de que duas testemunhas associadas (que são vistas uma pela outra) bastam para estabelecer um fato. Entre os essênios, questões sérias têm de ser atestadas por três testemunhas (ver CD 9,16-23), mas elas não são necessariamente testemunhas associadas.

A

Essênios e haberim
(*candidatos já judeus*)

B

Judaísmo rabínico
(*prosélitos gentios*)

C

Cristianismo
(*judeus e gregos*)

(O círculo branco grande representa o povo, definido pela circuncisão; o disco pontilhado representa o grupo que obedece à Aliança, definido pelo batismo.)

Mais significativo é o fato, que examinamos, de ser necessária a presença de três membros qualificados para a admissão de um candidato à *habura*, o que sugere antes um tribunal (cf. *MSanh* 1,1). Assim, as "testemunhas" do batismo constituem um tribunal formal que declara a admissão.

Ao combinar essas observações com as conclusões apresentadas antes a respeito da notável semelhança entre os essênios e as irmandades de *haberim*, conseguimos formular uma hipótese quanto à origem do batismo dos prosélitos. A irmandade era originalmente uma seita reformadora concentrada na renovação da Aliança para os judeus, com iniciação e batismo para os candidatos, mas sem nenhuma relação ao ingresso no povo pela circuncisão, que se supunha ter sido conseguida anteriormente. É o que representa a figura A no diagrama. Essa configuração desenvolve-se posteriormente de duas maneiras diferentes. No judaísmo rabínico (figura B), a irmandade assume a responsabilidade pelo povo todo, depois do fracasso de Bar Kochbá; assim, para o prosélito, o ingresso no povo (circuncisão) está sobreposto ao ingresso na irmandade expandida (batismo). Em contraste, no cristianismo (figura C), o acesso à irmandade, identificado apenas pelo batismo, não depende de ter o candidato se tornado ou não parte do povo pela circuncisão.

Uma passagem muito citada (*MPes* 8,8) contém uma controvérsia com um sentido que fica muito claro nesta perspectiva: se alguém se converte na véspera da Páscoa, a escola de Shamai diz que ele é, então, batizado e pode participar da refeição pascal na noite seguinte, mas a escola de Hilel julga que "alguém que se separou do prepúcio é como se saísse de um túmulo", por isso não pode comer a Páscoa, pois a ablução exigida acontece mais tarde (no terceiro e no sétimo dias; ver Nm 19,18ss). Ora, Ex 12,43ss determina que os incircuncisos não podem participar da Páscoa. Parece, portanto, que, para a escola de Shamai, o prosélito não é um gentio em busca de inclusão no povo judeu, mas um candidato a admissão nos *haberim* e, assim, foi circuncidado muito antes. Ao contrário, para a escola de Hilel, o prosélito é um gentio que primeiro precisa fazer parte do povo pela circuncisão (na véspera da Páscoa, no caso presente) e, consequentemente, fica impuro por sete dias. Em outras palavras, para a escola de Hilel, que estabeleceu a norma, a recepção do prosélito (gentio) abrange a circuncisão e (posteriormente) o batismo, este ato sendo mais ou menos assimilado a uma purificação depois do contato com a morte e, portanto, não mais um rito de iniciação, para ser exato. Essa escola representa bem a extensão do modelo da irmandade ao povo como um todo. Aqui não é irrelevante que em uma famosa série de narrativas de gentios que pedem instrução, Shamai os rejeita, enquanto Hilel os acolhe com prazer (*BShab* 31a).

Para as figuras A e C (essênios e cristãos), a Aliança verdadeira (renovada), muito importante para os dois grupos, subentende ingresso no círculo pequeno; também nos dois casos, há uma atitude polêmica com respeito ao resto do povo. Além disso, ao escrever sobre os essênios, Josefo explica que "se acontece de um ancião tocar em um recém-chegado [um noviço], ele tem de purificar-se como depois do contato com um estrangeiro" (*G.J.* 2 §150). Em outras palavras, já que o noviço é certamente judeu, os que não fazem parte da comunidade, sejam eles judeus ou gentios, todos têm o mesmo grau de impureza. Semelhantemente, uma passagem da Mixná citada antes explica que, para o *haber*, o povo da terra tem a mesma impureza que um gentio.

A projeção dessa opinião sobre os primeiros discípulos de Jesus significa que, como a voltada para os judeus, a missão voltada para os gentios pressupõe a abolição da *mesma* barreira ritual. Portanto, nesse exato contexto, "ser ou não ser circundado não tem importância; o que conta é ser nova criatura" (Gl 6,15). Assim, em um clima de crise, a admissão de gentios é concebível. Talvez seja para excluir tal avanço que Josefo (*G.J.* 2 §119) insiste que os essênios são "de origem judaica", condição que parece desnecessária. Portanto, chegamos à conclusão paradoxal de que a prática de não circuncidar os gentios convertidos ao cristianismo tem origem em um ponto de vista não "liberal", mas altamente sectário. Ao contrário, o judaísmo rabínico inclui a circuncisão na Aliança, que desse modo torna-se dupla: "Vossos pais entraram na Aliança pela circuncisão, imersão e perda de sangue, e o mesmo acontece com os prosélitos" (*BKer* 9a).

VI. Conclusões

A Galileia judaica tinha cultura própria, que já é identificada no tempo do jovem Herodes e que subsistiu muito tempo depois. Ela era de origem babilônia, em virtude de contínuas imigrações. Josefo dá mais atenção a sua margem ativista, que estava, apesar de tudo, enraizada em solo fértil.

Tudo o que vimos a respeito da cultura religiosa da Galileia judaica dá-lhe qualificações eminentes para produzir o judaísmo rabínico. Por outro lado, é menos fácil ver como ela produziu o cristianismo do NT. Em especial, não há nada na Galileia judaica que explique por que, a certa altura, um grupo significativo dos seguidores de Jesus "voltou-se para os gentios".

E, contudo, a cultura religiosa da Galileia judaica tem muitos aspectos institucionais em comum com os essênios e também com o cristianismo do NT. Parece, portanto, que o cristianismo originou-se em um ambiente semelhante, do qual conservou as instituições mais características. A "abertura para os gentios" constituiu uma revolução na qual, entre outros efeitos, o sentido dessas instituições mudou radicalmente.

Precisamos agora examinar essa revolução e ver se podemos dar a razão dela.

Capítulo 4
A MISSÃO PARA OS GENTIOS

A visita de Pedro a Cornélio (At 10) não faz em absoluto nenhuma referência a qualquer instrução dada por Jesus e parece não ter precedente. Isso apresenta imediatamente os problemas de como começou a missão para os gentios e de como se justificou. De fato, a comunidade primitiva estava, como vimos, enraizada tão profundamente em um ambiente judaico e galileu parecido com o dos essênios, que qualquer abertura para os gentios era altamente improvável. Era, em verdade, um cataclismo, e precisamos avaliar seu caráter. Certas passagens dos Atos dos Apóstolos mostram os inícios dessa ocorrência na série de episódios ligados a Apolo, Áquila e Paulo em Éfeso e Corinto. Mas antes de examiná-los, precisamos averiguar se no mundo judaico mais amplo havia correntes que pudessem ter preparado o terreno para a missão cristã aos gentios. Veremos também que o contexto político e social no qual o cristianismo começou era um tanto instável.

I. Judeus e gentios

1. Proselitismo judaico?

Há algum sinal de proselitismo judaico entre os gentios? Se é assim, esse sinal estabelece um precedente para a missão cristã. O famoso versículo de Mt 23,15, a respeito dos escribas e fariseus que percorrem a terra e o mar para conseguir um único convertido, tem sido usado para provar a existência de um proselitismo judaico entre os gentios. Entretanto, é preciso interpretar esse testemunho isolado.

Para obter maior exatidão, precisamos primeiro traçar uma distinção entre o proselitismo ativo (missão) e a aceitação de candidatos que se apresentam por iniciativa própria. Em primeiro lugar, nenhuma fonte antiga menciona missionários profissionais como instituição judaica regular, e nenhuma lamenta que os gentios em geral não sejam judeus.

Fílon desejava ver a expansão da Lei mosaica por todo o mundo; mas, para isso acontecer, bastaria a adesão dos legisladores gentios, sem que os judeus deixassem de ser um povo distinto. Durante a expansão da Judeia sob a dinastia hasmoneia na segunda metade do século II a.C., a circuncisão foi imposta aos povos e cidades incorporadas ao reino. O casamento com um não judeu também exigia a conversão do outro para ter validade. Entretanto, essas "normalizações" destinavam-se simplesmente a unificar o reino, suas Leis e seu governo sob uma única jurisdição. A palavra "conversão" talvez não seja bem o termo apropriado para aplicar a esses casos, ainda mais porque sua legislação foi contestada em certas regiões.

Segundo diversos cálculos, parece que sob o imperador Cláudio, que ordenou um recenseamento por volta de 42 d.C., havia ao todo oito milhões de judeus, dos quais dois milhões viviam na Judeia herodiana (a *Palaestinae* romana de tempos mais tardios), quatro milhões no resto do império romano e, assim, dois milhões mais para o leste, em território inimigo. (Esses números não são incontroversos, mas as proporções são prováveis.) Esse *ethnos* era razoavelmente variável e uma corrente constante de peregrinos vinha a Jerusalém, em especial para as grandes festas. A fim de ter uma ideia verdadeira dessa população judaica, precisamos apenas mencionar que a população total do império na época não ultrapassava setenta milhões. Assim, os judeus formavam uma minoria apreciável, amplamente espalhada, cosmopolita e altamente visível, que se encontrava principalmente nas cidades da diáspora. Essa forte demografia devia-se a dois fatores: o crescimento natural (fortalecido pela proibição do aborto e do infanticídio) e a chegada de convertidos.

Não estamos bem informados sobre como estes últimos eram chamados, mas podemos mencionar diversos fatores que esclarecem os motivos possíveis. Parece que em Alexandria havia pregadores em lugares públicos. Sua plateia deve ter sido heterogênea, como nas numerosas sinagogas (abertas a todos), onde havia ensinamentos aos sábados sobre a virtude e sobre o dever para com Deus e o próximo; presumivelmente, os ouvintes vinham por razões religiosas, éticas, filosóficas e até sociais. Ao que consta, em Antioquia, os judeus, numerosos e prósperos desde o período hasmoneu, acolhiam de bom grado muitos prosélitos e simpatizantes que se integravam ao povo, mas não há nenhuma indicação de que isso fosse resultado de missão organizada entre os gentios (*G.J.* 7 §45). Do mesmo modo, Josefo nos diz que no mesmo período houve prosélitos em Roma desde o tempo de Augusto (*Ant.* 18 §84). A família real de Adiabene (*Ant.* 20 §§49-53) foi convertida pela Bíblia por meio do contato com mercadores judeus.

Josefo também relata como pessoas do outro lado do Eufrates vieram com muito custo a Jerusalém, mas não ofereceram sacrifício quando souberam que "Moisés o proibia a quem quer que não obedeça nossas leis nem siga nossos costumes ancestrais" (*Ant.* 3 §318); por respeito a Moisés, eles aceitaram de bom grado essa proibição, diz Josefo. Esse último caso revela a existência de simpatizantes ou adoradores de Deus, que estavam preparados para fazer gestos custosos. Eles estão bem atestados por Fílon e Josefo, por autores latinos do século I e até por provas arqueológicas.

A visita de Paulo a Atenas (At 17) é muito instrutiva. Ele é apresentado falando na sinagoga e na área pública da *ágora*. Sua pregação pública provoca várias reações; então, quando fala no Areópago para fazer um relato oficial da "nova religião", ele provoca uma rejeição. O contexto mostra que havia um público desocupado para ouvir pregadores de novidades. Entretanto, o fracasso sugere que o acesso direto aos gentios, embora teoricamente possível, não era prático. Alhures nos Atos, fica claro que os gentios, entre os quais a pregação paulina é bem-sucedida, são adoradores de Deus.

O mesmo era Cornélio, que Pedro visitou. Justo, que Paulo procura depois de deixar Áquila, é outro adorador de Deus, "que morava ao lado da sinagoga" (At 18,7). Essas duas passagens são fundamentais. Aqui, basta mencionar dois aspectos notáveis: elas não acontecem na sinagoga, e menos ainda em público, mas em residências particulares, e ocorrem no momento crítico da expansão de um movimento de reforma dentro do judaísmo, com pregadores itinerantes mais ou menos bem-aceitos. Parece que a atividade missionária interna não era nada incomum; segundo At 13,15, esses visitantes tinham regularmente permissão para falar na sinagoga.

Em suma, está claro que havia convertidos, mas além do caso excepcional da Judeia sob os hasmoneus, sua existência não se deve a nenhum proselitismo organizado, ativo, mas antes a uma atitude de receptividade em certos círculos judaicos, combinada com algum poder de atração. Em contraste, há sinais claros de proselitismo ativo interno no judaísmo, que assume várias formas que teremos de examinar agora. Vamos mencionar de passagem que a invectiva de Mt 25,15 contra os escribas e fariseus assume um sentido simples consistente com o ponto de vista geral de Jesus; são grupos reformadores que procuram conseguir neófitos dentro do judaísmo. É óbvio que têm muito em comum com outro reformador, a saber, João Batista. O temor político que ele inspirava em Herodes Antipas (ver *Ant.* 18 §118), não menos que a acusação escrita por Pilatos atribuindo a Jesus uma posição política, leva-nos também a examinar a expansão de movimentos "messiânicos" nas comunidades judaicas do mundo romano.

2. Reformadores e rebeldes

Consequentemente, a questão do proselitismo precisa ser examinada do ponto de vista de movimentos internos no judaísmo. Aqui, limitar-nos-emos a salientar dois movimentos de reforma de grande alcance que se relacionavam estreitamente, embora seus resultados observáveis fossem diferentes: os fariseus e os zelotes, ou ativistas militantes.

a) Reformadores fariseus

Os vários relatos que Josefo faz dos fariseus refletem as mudanças em sua atitude para com eles e, desse modo, as flutuações no destino deles. É seguro inferir que na ocasião em que ele escreveu *Vida*, pelo menos em Roma, a tendência farisaica era dominante ou, mais exatamente, dava o tom. Embora as consequências da guerra enfatizassem esse fenômeno, ele não era inteiramente novo. Em 139 a.C., os judeus foram expulsos de Roma, mas tiveram permissão para voltar e, em 59 a.C., Cícero referiu-se à minoria judaica numerosa e ressaltou a força que os judeus conseguiam pela solidariedade, mas sem sugerir que a presença deles fosse ilegal. Um pouco depois, em 40 a.C., foi promulgada uma série de decretos romanos em favor das comunidades judaicas das cidades em torno do Mediterrâneo (*Ant.* 14 §§220ss), inclusive a autorização para o descanso no sábado e a dispensa do serviço militar. As comunidades privilegiadas pelos romanos já estavam bem estabelecidas, mas as novas medidas indicadas estão em conformidade com os pilares do judaísmo mesopotâmico e com sua tradição oral. Essa tendência é, de modo geral, chamada farisaica, pelo menos no sentido primitivo representado por Neemias na volta do exílio e pelos hassideus, na época da crise macabeia.

Esses decretos podem ser postos em um contexto político definido. Os romanos estavam em permanente conflito com os partos, o poder dominante na Mesopotâmia (Babilônia), que tentavam obter o controle de toda a Síria e, em certa ocasião, até foram bem-sucedidos em impor um rei, Aristóbulo, em Jerusalém. Esse foi também o momento em que Herodes conseguiu ser designado rei pelo Senado, com a missão de reconquistar a capital. Havia tantos judeus morando a leste do império romano quanto na própria Judeia, e foi dessas partes que vieram os sucessores de Neemias. Assim, concluímos que a reforma farisaica, que obviamente pressupõe missionários, foi um sucesso. A forte influência oriental que isso subentende só podia preocupar os romanos e é o bastante para explicar seus decretos que outorgam um favor e, ao mesmo tempo, afastam os beneficiários de conflitos futuros.

Entretanto, isso não significa que mesmo no tempo de Josefo os fariseus praticantes fossem realmente a maioria. Eles com certeza tinham se tornado ponto de referência, o padrão da ortodoxia, por assim dizer. Mas não seria a primeira vez que um grupo minoritário serviu de padrão de referência para todo um povo (*ethnos*), que era juridicamente bem definido, mas que possuía uma piedade que estava na natureza das coisas variáveis e ocasionais. Esse já era o caso com Neemias e os hassideus.

b) Ativistas militantes

Os "reformadores" da segunda onda, que deixaram pegadas para trás, agrupam-se sob o termo "zelotes", que se entende ser o que Josefo define como a "quarta filosofia", ligada a Judas, o Galileu (*Ant.* 18 §23). A definição que ele dá é sucinta: eles têm as mesmas doutrinas que os fariseus, mas não dão a nenhum ser humano o nome de mestre. Esse Judas era, como vimos (cap. 3, §I.2), o sucessor de Ezequias, que estivera ativo na Galileia e que o jovem Herodes subjugara, porém, mais tarde foi acusado pelos fariseus. Vimos também que esses bandos formados pelos que Josefo chama de "sicários" não passavam de zelotes próximos dos fariseus.

Quaisquer que fossem seus ideais definidos, dois aspectos característicos desses bandos destacam-se constantemente desde o início da ocupação romana. Em primeiro lugar, eles provocaram divisões entre os judeus, já que alguns aceitavam o movimento, enquanto outros o temiam e o denunciavam aos romanos. Ao mesmo tempo, muitos que se juntavam a eles eram presumivelmente atraídos pela expectativa de encontrar uma identidade e, ao mesmo tempo, esquivar-se sem perigo a pagar impostos e a sofrer humilhações, em especial nas zonas rurais e nos bairros mais pobres das cidades. Em outras palavras, tais grupos eram tão instáveis quanto era fraca a motivação de seus membros. Daí as rivalidades e tentativas ocasionais de sobrepujar um ao outro, como vemos em Jerusalém pouco antes da guerra: cada grupo definido por um chefe e às vezes por um nome (*sicarii* ou "assassinos", "zelotes" etc.).

Um exemplo excelente dos contratempos resultantes é proporcionado pelo próprio Josefo, em narrativa complexa na qual ele estava envolvido (*G.J.* 7 §§ 407ss). Depois da queda de Massada, *sicarii* que fugiram para o Egito provocaram sedição em Alexandria e chegaram a perseguir os judeus que resistiram a eles, o que naturalmente provocou uma oposição bastante apreensiva entre os principais membros da comunidade judaica, que finalmente os entregaram aos romanos a fim de restaurar a própria reputação com as autoridades. Josefo prossegue e conta a história de Jônatas, que fez a mesma coisa em Cirenaica. Apesar dos contratempos que Jônatas causou, ele deu um jeito de denunciar os líderes da comunidade ao governador romano, que até conseguiu testemunhas falsas para depor contra eles; dessa maneira, muitos ricos foram executados e seus bens confiscados. O historiador explica que ele próprio estava entre os acusados, mas a questão chegou a Roma, onde Vespasiano inocentou-o. Ele é, sem dúvida, tendencioso, mas apresenta bem um mecanismo de graves divisões entre os judeus, com coerção física e castigos romanos, e também a ânsia dos romanos para tirar partido dessas divisões, a fim de fortalecer seu poder, que não parece ter sido assim tão seguro.

Essas ocorrências não eram novas no tempo de Josefo. Os conflitos no judaísmo eram uma realidade permanente. Havia sempre, de uma forma ou de outra, um partido fiel à Lei e outro mais político que, para obter vantagens, negociava com o poder suserano, primeiro selêucida, depois romano. O partido dos "praticantes", não político por natureza (por exemplo, os hassideus), sempre tinha uma facção ativista que rejeitava os "colaboradores" (por exemplo, Matatias e Judas). A personalização dos grupos era característica permanente. Quando diz: "Não percebeis que é melhor um só morrer pelo povo do que perecer a nação inteira?" (Jo 11,50), o sumo sacerdote julga que só é preciso o iniciador de um grupo desaparecer para todo o grupo dispersar-se. O argumento de Gamaliel (At 5,36ss) é da mesma natureza.

Entretanto, o problema existia em escala muito maior, como demonstram o caso de Jônatas em Cirenaica e também as proporções assumidas pelo projeto de colocar a efígie de Calígula no Templo, por volta de 40 d.C., o que veremos dentro em pouco. Se havia tantos líderes com sucesso variado, se os problemas locais tornavam-se o tempo todo incontroláveis, deve ter havido tensões muito espalhadas que atraíam um seguimento notável para os agitadores.

3. Christiani *em Roma, Alexandria e Antioquia*

Este não é o lugar para analisar as tensões sociais do mundo romano, mas só para observar certos incidentes judaicos que se repetem nas grandes cidades. Examinaremos primeiro as principais – Roma, Alexandria e Antioquia –, que abordaremos nessa ordem por razões meramente práticas.

Roma. Josefo afirma que, em 19 d.C., o imperador Tibério baniu de Roma todos os judeus, por causa dos crimes cometidos por quatro deles (*Ant.* 18 §84). Uma grande crise foi iniciada por um episódio por si só bastante insignificante. As informações de Josefo parecem parciais, nos dois sentidos da palavra. Contudo, a questão toda tem forte odor do que ele chama de "banditismo", a saber, agitação zelote em nome da Lei com um desfecho sociopolítico muito visível que obrigava os romanos a reagir. Mais tarde, conforme Suetônio (*Cláudio*, §25), Cláudio expulsou de Roma judeus que incitavam tumultos constantes por instigação de "Chrestus" (*impulsore Chresto*). Suetônio não dá datas, mas, combinando com outros textos o que ele tem a dizer, concluímos que os acontecimentos relatados devem ser localizados no primeiro ano do reinado do imperador, isto é, 41. Antes mesmo de conjeturar quem pode ser esse "Chrestus", vamos primeiro examinar uma passagem muitíssimo importante que converge para o texto de Suetônio, a saber, o encontro entre Áquila e Paulo em Corinto (At 18,1ss), na qual o TO (coluna da direita) e o TA (coluna da esquerda) mostram diferenças características.

(18,1) Paulo deixou Atenas e foi para Corinto.

(2) Tendo encontrado um judeu chamado Áquila, natural do Ponto, que acabava de chegar da Itália, com sua esposa Priscila,	(2) Tendo encontrado Áquila, natural do Ponto, judeu que acabava de chegar da Itália, com sua esposa Priscila, e os saudou com alegria. Eles tinham saído de Roma,
pois o imperador Cláudio tinha decretado que todos os judeus saíssem de Roma. Paulo entrou em contato com eles.	pois Cláudio César tinha decretado que todos os judeus saíssem de Roma; eles tinham emigrado para a Acaia.
(3) Como tinham a mesma profissão – eram fabricantes de tendas –, passou a morar com eles e trabalhar ali.	(3) Paulo era conhecido de Áquila por serem da mesma classe e ele passou a morar com eles.

Entre o TO e o TA, Áquila passa por uma transformação interessante. Para o TA ele é inofensivo. Tipo de pessoa pouco notável, veio da Itália, sem mais especificações, em vez de precisamente de Roma. Trabalha tranquilo em uma profissão que ele e Paulo têm em comum e dá a Paulo uma base e um lugar para morar. Isso é tudo. Até já adivinhamos que ele será discípulo de Paulo, como a narrativa passa a sugerir. As coisas são bem diferentes no TO. Ali Paulo e Áquila são da mesma "classe"; a palavra grega significa literalmente "tribo", mas o contexto sugere algo mais que apenas serem benjaminitas e, de fato, o termo refere-se a qualquer grupo com um laço comum. Dos dois, o mais importante é Áquila, pois o fato de Paulo ser conhecido dele é significativo. Não é preciso que Áquila e Paulo se conhecessem pessoalmente. Devem ter circulado informações dentro do movimento, em especial entre os portos ao redor da bacia mediterrânea, que estavam sempre em contato com Roma. A expressão "tendo encontrado", então, assume seu verdadeiro significado: antecedido por um boato, Paulo estava procurando Áquila a fim de achar apoio para sua atividade. Mas isso não é tudo. Áquila vem realmente de Roma. O edito no qual Cláudio decretou a expulsão permite-nos ser bastante exatos: o governo estava expulsando arruaceiros, que criavam "distúrbios", e Áquila era um deles – não o menor. Em outras palavras, esse é o Paulo que era conhecido por ter um zelo rigoroso pela Lei (ver Fl 3,6; At 22,3). O relato dos Atos não menciona o nome de Jesus. Se Paulo falou a Áquila sobre Jesus, foi como o Messias de um movimento zelote.

O fato de Áquila e Paulo fazerem parte do mesmo movimento tem uma consequência muito importante. Com efeito, se as palavras de Suetônio, *impulsore Chresto*, caracterizam os distúrbios reprimidos por Cláudio em 41, esses problemas com certeza datam de muito antes, pois são descritos em termos de agitação constante; não estaríamos muito errados ao atribuí-los às medidas irritantes de seu predecessor, Calígula. Nesse caso, é improvável que o Chrestus mencionado por Suetônio, embora definitivamente judeu, fosse Jesus. Então, quem era essa pessoa, real ou imaginária, que instigava revoltas?

A primeira observação a fazer é que não se trata diretamente de uma questão de "cristãos", mas só de Chrestus (ou *Christus*: nesse tempo, essas duas palavras gregas eram pronunciadas de modo idêntico). Mais tarde, em 64, no contexto do incêndio de Roma sob Nero, o mesmo Suetônio fala claramente dos *christiani* e sua nova e prejudicial *superstitio* (*Nero* §16). Tácito relata os mesmos acontecimentos em uma famosa passagem na qual ele diferencia expressamente o nome popular *chrestiani* do nome do fundador, Christus, executado sob Pôncio Pilatos (*Anais* 15,44). Alguma coisa aconteceu entre essas duas datas: os *christiani* são agora os seguidores de uma pessoa definida chamada Christus (Tácito ignora qualquer vínculo com o título "Messias".

A conclusão é clara. Primeiro, o Chrestus de Suetônio, em 41 d.C., refere-se realmente ao Messias judeu. A identificação dessa figura com Jesus só surge mais tarde, mas nos dois casos os romanos reagem de modo idêntico, o que permite a interpretação de dois detalhes literários. Tácito liga um nome popular (*christiani*) e uma pessoa definida (*Christus*), mas a grafia sugere que havia na verdade *chrestiani*, isto é, "adeptos de (do) Christus/Chrestus" ou messianistas, antes de ser feita a ligação com Jesus. De sua parte, Suetônio fala de instigação, ou literalmente "incitação", e não de verdadeiro comando ou liderança. Em outras palavras, o Messias exerce influência em sua ausência, o que sugere que os líderes proclamavam a vinda iminente de um reino messiânico.

Esse resultado permite-nos reconhecer um caráter comum em todos os movimentos similares que aparecem sucessivamente, começando com Ezequias, sob Herodes. Repetidas vezes, pessoas com alta motivação religiosa, embora sejam militarmente fracas, ousam enfrentar o poder de Roma ou seus representantes, e levam consigo grande número de judeus que são também atraídos pela ideia de evitar impostos opressivos. Se não supusermos serem eles simplesmente malucos, a única explicação plausível é que, em todos os casos, eles proclamam que o fim dos tempos ou o reino de Deus, ou então a era messiânica, se aproxima e o fazem com convicção, baseados em uma interpretação bem elaborada das Escrituras. A iminente vinda do Messias dá um grande impulso e, ao mesmo tempo, divide seriamente a comunidade judaica, pois os que não a aceitam percebem como a mensagem é perigosa.

Alexandria. Logo depois de subir ao trono, em 41, Cláudio respondeu aos votos de prosperidade enviados pelos cidadãos de Alexandria (*PLond* 1912; ver *Corpus Papyrorum Judaicarum* II, n. 153). Entre outras coisas, ele expressou seu desejo quanto aos judeus. Depois de mencionar problemas recentes que importaram em guerra contra eles (ou alguns deles), começou por confirmar-lhes os privilégios e, em seguida, anunciou certas medidas que estava tomando a respeito deles. Em especial, proibiu-os de trazer judeus da Síria ou do Egito, e também de enviar a Roma dois grupos de representantes oficiais. Assim, os distúrbios tinham sido instigados ou fomentados por recém-chegados à comunidade judaica de Alexandria; o resultado era repressão, e também uma visível divisão da comunidade, grave o bastante para preocupar o governo de Roma, onde distúrbios semelhantes haviam irrompido recentemente. Tal divisão é bem diferente do surgimento aqui e ali de grupos minúsculos que se reuniam em segredo, como vemos nos Atos. Ao contrário, pela carta de Cláudio temos um vislumbre do aparecimento repentino de movimentos populares difundidos e perigosos provocados por agitadores com uma mensagem religiosa e política simples.

A situação em Alexandria assemelha-se à de Roma nos efeitos e nas causas, embora a carta do imperador não expresse a ideia de "Messias". Nos Atos, Alexandria não se destaca nos itinerários de Pedro ou Paulo, o que é suficiente para explicar por que essa cidade mal é mencionada. Por outro lado, foi em Alexandria que Apolo veio a conhecer coisas "a respeito de Jesus", e também o batismo de João, mas sem dimensão messiânica, como veremos em breve, o que forma um contraste com a situação vislumbrada em Roma, onde messianistas e a herança de Jesus misturaram-se em algum momento entre 41 e 64.

Antioquia. Foi aqui, segundo At 11,26, que pela primeira vez os discípulos foram chamados "cristãos". A primeira coisa a observar é que o nome *Christiani*, com o sentido de "adeptos de (do) Cristo", é de formação latina, não grega, e que a formulação da sentença nos Atos tem um tom oficial. O nome pode bem ser de origem popular, mas é provável que seu uso aqui, com tonalidade jurídica, venha mais imediatamente da autoridade romana. É dado (imposto) pela primeira vez em Antioquia e marca os portadores como criminosos; talvez já fizesse isso antes de ser aplicado aos discípulos de Jesus.

O que aconteceu? Como já vimos, a comunidade judaica de Antioquia por muito tempo tinha sido próspera, pacífica e aberta. Acolhia gentios, que podiam ser considerados integrados ao povo, embora, ao que consta, nem eles nem os filhos tenham sido circuncidados (*G.J.* 7 §45). Entretanto, a questão da estátua de Calígula exerceu um grande impacto ali. No inverno de 39-40, Petrônio, governador da Síria, recebeu ordem do imperador para ir a Jerusalém e instalar sua estátua no Templo a força. Fílon nos conta (*Leg.* §§185ss) que os judeus de Antioquia foram os primeiros a tomar conhecimento da ocorrência. Então, segundo Josefo, a caminho de Jerusalém, Petrônio encontrou oposição judaica que foi total, embora não violenta, em Ptolemaida e Tiberíades (*Ant.* 18 §§261ss). Entretanto, ao mesmo tempo e mesmo antes, houve distúrbios em Antioquia que envolveram judeus e foram repelidos com severidade. Diziam respeito à mesma ocorrência, ou eram uma agitação messiânica, como em Roma, ou talvez reações violentas à pregação sobre Jesus?

A passagem de At 11,19-26, compreendida em três seções, preserva os vestígios de diversas missões a Antioquia (o TA, à esquerda, só é apresentado quando contém uma interpretação diferente do TO, que é significativa para esta análise).

A (19) *Por um lado, os que se haviam dispersado por causa da tempestade que surgira por meio de Estêvão chegaram até a Fenícia, Chipre e Antioquia, não falando com ninguém,*

| exceto com os judeus. | mas só com os judeus. |

(20) *Por outro lado, alguns homens de Chipre e Cirene chegaram a Antioquia e começaram a falar*

| também com os helenistas | com os helenos (gregos), |

anunciando o Senhor Jesus. (21) *A mão do Senhor estava com eles: muitas pessoas acreditaram e converteram-se ao Senhor.*

B (22) *A notícia a respeito deles chegou aos ouvidos da Igreja de Jerusalém e enviaram Barnabé a Antioquia. (23) Ao chegar, ele viu a graça de Deus, alegrou-se e exortou a todos para que permanecessem com firmeza ligados ao Senhor. (24) Pois ele era homem justo, cheio do Espírito Santo e de fé. Uma grande multidão aderiu ao Senhor.*

C (25)
Ele foi procurar Saulo em Tarso. (26) Tendo-o encontrado, levou-o a Antioquia. Aconteceu que durante um ano inteiro trabalharam juntos na Igreja e instruíram uma grande multidão, e que pela primeira vez em Antioquia os discípulos foram chamados Christiani.

Tendo ouvido falar que Saulo estava em Tarso, foi à procura dele. Juntou-se a ele e lhe pediu que fosse a Antioquia. Depois que chegou, durante um ano inteiro trabalharam juntos na Igreja e instruíram uma numerosa multidão. Então, pela primeira vez em Antioquia, os discípulos foram chamados Christiani.

No TA, a primeira seção (A) – "falando com os judeus e com os helenistas" – é, no mínimo, ambígua. Em contraste, o TO indica dois movimentos distintos que terminam em Antioquia: um que começa em Jerusalém e se volta apenas aos judeus; outro que começa em Chipre e Cirene e se volta para os gregos (gentios). O que acontece aqui? Temos uma ideia quando juntamos estes pontos: 1) A última "proclamação" no versículo 20 tem o efeito de juntar os dois movimentos ao atribuir a ambos a mesma mensagem. 2) Por outro lado, no versículo 21, a expressão "converter-se ao Senhor" é a mesma do decreto de Tiago (ver At 15,19), em que, como veremos (cap. 5, §I,1), diz respeito aos gentios; é, na verdade, a continuação do versículo 20, mas originalmente não havia ligação com Jesus. 3) A propaganda dirigida aos gregos fica mais clara quando consideramos todos juntos: o grande número de neófitos, o fato de em Antioquia os judeus terem muitos simpatizantes gregos e também o fato de ter o movimento missionário se originado em Cirenaica, o que lembra os distúrbios de Alexandria. 4) Os pregadores são anônimos e não os conhecemos de outros lugares como discípulos. 5) Uma "grande multidão" é mencionada duas vezes. 6) Os romanos descrevem os convertidos pela pregação como *Christiani*.

Essa passagem toda pode ser inserida no contexto dos distúrbios causados pelo plano de Calígula para erigir sua estátua no Templo de Jerusalém. Nessa hipótese, os pregadores judeus vieram para despertar entre os gregos, talvez com um tom de necessidade escatológica ("O Messias vem vindo"), uma forte reação contra esse abuso do culto do imperador, reação que provavelmente foi aguçada por outros abusos do poder romano.

Antioquia era a sede do governo romano da Síria, e não é difícil imaginar demonstrações contra Petrônio no inverno de 40. Do ponto de vista romano, elas aconteceram *impulsore Chresto*; do ponto de vista judaico, tudo não passava de um visível e promissor ato de renúncia a ídolos.

Essa hipótese é reforçada pela missão de Barnabé (parte B), narrada de forma lírica, que insiste nas qualidades de Barnabé. Contudo, destacam-se dois detalhes importantes. É uma "notícia" que vem ao conhecimento de Jerusalém, mas que não se iniciou ali, e agora precisa ser examinada. Então Barnabé exorta a "grande multidão" para que permaneça fiel. Em outras palavras, o espantoso sucesso poderia vir a ser nada mais que um êxito fugaz, sem probabilidade de durar, em especial se houvesse uma repressão severa. É realmente notável a ausência de qualquer referência a Jesus, ao batismo ou a uma união entre os judeus e os gentios. Pelo contrário, a missão para os judeus em Antioquia, no versículo 19, parece ser independente da outra por completo, e nenhuma harmonia é estabelecida entre elas. Vindo também de Jerusalém, ela forma um díptico: as missões para os judeus e para os gentios são inconfundíveis e aparentemente sem conflito, o que se enquadra perfeitamente com a posição de Tiago (ver Gl 2,9).

A intervenção de Saulo (parte C) é, em essência, de apoio e para dar solidez à atividade assumida por Barnabé, que parece ter se ampliado além da missão original. Para o TO, Barnabé, "cheio do Espírito Santo e de fé", mas não vendo como o povo de Jerusalém pode ser de muita ajuda na situação, pensa em Saulo, que tinha fama de ativista, como a pessoa mais apropriada para chamar. Presumivelmente, é Saulo, o futuro apóstolo Paulo, quem anuncia aos gentios de Antioquia que o Messias, a cuja causa eles foram, em certo sentido, conquistados, é Jesus. Na versão revista representada pelo TA, é possivelmente do conhecimento geral que Saulo está em Tarso, e Barnabé parece estar mais seguramente responsável por sua missão, de modo que mantém a iniciativa.

Parece que o envolvimento dos discípulos nos distúrbios que ocorreram em Antioquia em 39-40 foi notado pelos romanos e deu ao movimento que Barnabé tentava dirigir o nome de "cristão". É provável que os judeus com os quais a missão fez contato, mencionados no versículo 19, também se achassem incluídos nessa categoria. (Decifrado: discípulos judeus que não eram ativistas zelotes foram assimilados aos messianistas, quer dizer, acusados de atividades subversivas.)

Esse longo desvio por três grandes cidades do mundo romano traz à luz a imagem de um messianismo judaico com uma estrutura que discernimos quando acompanhamos as reações romanas aos distúrbios que ele causou, em especial sob Calígula. Em seu centro estava uma necessidade escatológica, mas esta foi satisfeita por determinados interesses associados (tais como a fuga de impostos); [esse messianismo judaico] provocou insurreição na comunidade judaica e também entre os prosélitos e simpatizantes gentios, em especial em Antioquia. Originalmente, ele não tinha nenhuma ligação identificável com Jesus e seus sucessores; mais tarde, depois que foi estabelecido o elo na confusa situação de Antioquia, o rótulo criminoso de "cristão" foi ligado de forma indelével aos discípulos de Jesus, o que pressupõe certo vínculo intrínseco e duradouro. Surgem, então, duas perguntas a respeito desse messianismo, e vamos estudá-las mais seguindo o eixo Jerusalém-Ásia Menor, que está mais bem documentado que as três grandes cidades: Por que um boato de Jesus como Messias espalhou-se dessa maneira? E por que os discípulos de Jesus serviram-se dele, apesar do escândalo de um Messias crucificado?

Ligada a essas perguntas está a observação de que a sociedade dos discípulos evolui em duas sequências: ao lado de pequenos grupos de fiéis, estão multidões grandes o bastante para preocupar as autoridades romanas. A ligação entre as duas entidades ainda não está muito clara. Já era essa a realidade que cercava Jesus no mundo judaico.

II. Éfeso e Corinto

As narrativas de At 18-19 apresentam um relato detalhado da evangelização de Corinto e Éfeso, onde Paulo desempenha o papel principal. Na realidade, esses capítulos são uma coletânea mais ou menos coerente de pequenas unidades narrativas com origens diferentes. Vamos agora tentar pôr algumas delas em ordem, seguindo primeiro Áquila e Apolo, as principais pessoas mencionadas ao lado de Paulo, ao que tudo indica como seus colaboradores.

1. Apolo e o ensinamento correto

Já vimos a primeira apresentação em cena de Áquila, judeu simpatizante do Messias que Paulo encontra em Corinto e que fora expulso de

Roma sob Cláudio, em 41. A fim de ter uma ideia melhor dele, vamos estudar primeiro uma passagem da qual Paulo está ausente: um certo Apolo de Alexandria ensina em Éfeso na presença de Áquila e sua esposa Priscila, que, então, o orientam. O texto não deixa de ter problemas e passou por algumas mudanças durante a reinterpretação. Como antes, colocaremos o TO à direita, quando ele divergir significativamente do TA:

(18,24) *Um judeu chamado Apolo, de Alexandria (o TA acrescenta da nação); homem eloquente, tinha chegado a Éfeso, sendo versado nas Escrituras. (25) Tinha recebido instrução*

| *no caminho do Senhor* | *em seu país* |
| | *na palavra do Senhor* |

e cheio (lit. "fervendo") do Espírito, ele apresentava e ensinava com exatidão as coisas a respeito de Jesus, embora só conhecesse o batismo de João. (26) Começou a ensinar com convicção na sinagoga. Depois de ouvi-lo,

| *Priscila e Áquila chamaram-no de lado, e expuseram-lhe com maior exatidão o caminho de Deus.* | *e expuseram-lhe o caminho com maior exatidão.* |

Esta breve narrativa dá origem a alguns problemas. Segundo o TA, Áquila e Priscila apenas dão maior exatidão ao ensinamento de Apolo, o que equivale somente a uma diferença de grau em seu conhecimento do "caminho do Senhor", expressão em si bastante comum. Não é dito se esses detalhes adicionais dizem respeito a Jesus. Para o TO, Apolo não conhecia "o caminho", mas só "a respeito de Jesus". No que se segue, ele é instruído "no caminho" (sem "do Senhor", ou outro complemento). Essa expressão ocorre alhures nos Atos (At 9,2; 19,9.23; 22,4; 24,14.22), com maior frequência para designar os discípulos de Jesus e sempre em contexto de distúrbio no qual Paulo está envolvido. A noção de "caminho" refere-se, em essência, à preparação para a última vinda do Senhor, segundo Is 40,3. Já foi apresentado, junto com a volta do deserto, na pregação de João Batista (Mt 3,3 par.) e encontra-se da mesma forma na *Regra da comunidade* de Qumran (1QS 8,12ss).

Entretanto, essa meta de preparar o caminho divide-se em duas atitudes muito diferentes: ou a fervorosa prática da Lei (chamado à conversão etc.), com um curso de iniciação, como entre os essênios, ou o ativismo messiânico, que quer se livrar do mal pela força, como entre os "sicários". É óbvio que Apolo é do primeiro tipo, pois está familiarizado com o batismo de João e com Jesus; Áquila é, não menos obviamente, do segundo tipo, como alguém que foi expulso de Roma, mas é ele que fala do "caminho". Apolo não é discípulo pessoal de João, mas conheceu o batismo de João em Alexandria. Faz parte de um grupo para o qual Jesus é mestre e realiza curas. O que Áquila propõe a Apolo é certamente uma reinterpretação da natureza do que ele já sabe a respeito de Jesus (que não é chamado Cristo nem Senhor), e esse fato aproxima mais Apolo de Áquila. Já em Corinto (At 18,1ss), Áquila, como Paulo em Damasco (At 9,20) e sob sua influência, veio a reconhecer Jesus como o Messias que deve voltar em breve. Consequentemente, instrui Apolo com uma visão mais messiânica de Jesus.

A "exatidão" exigida e comprovada é termo técnico usado normalmente para verificar a precisão de um livro (manuscrito). Nesse caso, Áquila verifica a exatidão de um ensinamento oral, segundo uma técnica atestada na tradição rabínica. Apolo já foi "catequizado"; portanto, recebeu um ensinamento oral, e a intervenção de Áquila também é oral.

O episódio todo deve ser datado posteriormente à chegada de Áquila a Corinto, que estava ligada ao decreto de Cláudio de 41. É esse também o período de sua carta aos alexandrinos que, como vimos, procura restaurar a ordem em agitações messiânicas. Apolo vem de Alexandria para Éfeso como pregador itinerante, mas não há razão para pensar que fora expulso ou que era suspeito aos olhos das autoridades. Entretanto, depois do encontro com Áquila, ele começa a anunciar que o Messias é Jesus e ocorrem algumas dificuldades. Mais uma vez, a narrativa foi bastante reelaborada no TA:

(18,27)	Em Éfeso residiam alguns coríntios. Tendo ouvido (Apolo),
(Apolo) querendo fazer a viagem a Acaia, os irmãos, tendo aprovado, escreveram aos discípulos para que o acolhessem bem.	pediram-lhe que fizesse com eles a viagem à terra deles. Ele concordou e os efésios escreveram aos discípulos de Corinto para que pudessem acolhê-lo bem.
Quando chegou, ele foi muito útil para os que tinham abraçado a fé pela graça,	Tendo partido para Acaia, ele foi muito útil nas assembleias,

(28) *pois ele refutava vigorosamente e em público os judeus,* (*o TO acrescenta* debatia), *demonstrando pelas Escrituras que o Messias é Jesus.*

O relato do TA é monótono e inutilmente complicado. Havia discípulos em Corinto, como o leitor dos Atos sabe desde 18,8. Então Apolo tem a feliz ideia de ir a Acaia (cuja capital era Corinto), onde é útil em difíceis discussões públicas. Quando muito, podemos imaginar qual era o assunto exato da carta enviada de Éfeso. A graça que cerca Apolo nos faz pensar em Estêvão, que também era "cheio de graça e de poder" e enfrentava os judeus em debates (At 6,8-10). Portanto, nada realmente novo.

O TO é profundamente diferente. Primeiro, havia realmente discípulos em Corinto, judeus com certeza, e alguns deles ficaram impressionados com Apolo quando o ouviram em Éfeso. Parece que a inovação de sua mensagem consistia em demonstrar que o Messias é Jesus, com eloquência e textos que explicam o assunto. Mas que tipo de discípulos eram eles? O problema da carta é, na verdade, estranho: os coríntios, que trazem Apolo com eles, precisam de uma garantia dos efésios! Éfeso era, já se vê, um grande centro, com uma comunidade judaica antiga, que gozava de privilégios instituídos havia muito tempo, enquanto a de Corinto era mais recente e pode ter sido fundada a partir de Éfeso. Mas o verdadeiro problema está em outra parte: esses coríntios de Éfeso têm motivos para temer serem rejeitados pelos discípulos de Corinto, isto é, seus próprios irmãos. Em outras palavras, Apolo é agora uma pessoa problemática, capaz de provocar divisões em Corinto. Assim, a conclusão da narrativa encaixa-se muito facilmente: tenha ou não chegado até Corinto, ele se mostra um bom advogado nas "assembleias".

Outra vez, há uma comparação óbvia com Estêvão, mas vemos mais claramente por que ele provocou uma reação tão violenta. A oposição veio de duas frentes: dos judeus, fossem ou não fossem discípulos de Jesus, que não aceitavam o messianismo ou o temiam, ou dos messianistas, que não aceitavam a referência a Jesus. É interessante notar que os coríntios que convidaram Apolo não estão descritos como discípulos e que eles desaparecem no TA. Há uma insinuação de partidos diferentes entre discípulos de Jesus que nada devem a Paulo e, assim, é compreensível que o TA tenha abreviado e atenuado uma narrativa que dava indícios de divisões. Finalmente, observamos que em todas as discussões não há menção às missões para os gentios; não há razão para pensar que elas estivessem entre as observações adicionais feitas por Áquila a Apolo.

Há sinais mais tardios de divisões que se centralizam em Apolo. Paulo denunciou divergências entre os coríntios em 1Cor 1,12, em que uns são de Paulo, outros de Apolo, outros ainda de Cefas e outros "de Cristo". Mais adiante, Paulo diz que ele plantou, Apolo regou e Deus fez crescer, mas acrescenta ser ele o verdadeiro pai (1Cor 4,15). Finalmente, Paulo declara que ele e Apolo servem de exemplo para que os irmãos não tomem partido de um contra outro e aprendam o princípio: "Nada além do que está escrito". Paulo não diz nem subentende que ele e Apolo são a mesma coisa. De fato, muito pelo contrário. Mas, em vez de salientar as diferenças que eram com certeza bastante reais (ver 1Cor 16,12), ele assume outro ponto de vista, que põe todos os pregadores no mesmo nível e torna fúteis todas as suas querelas, a saber, a realidade da cruz de Cristo. Esse método "espiritual" de superar contradições e conflitos, que Paulo emprega aqui (e alhures), mostra que ele já não é o mesmo homem que procurou Áquila, precisamente em Corinto, cidade com tradição de tumulto e divisão que duraram até a época de Clemente Romano! Por enquanto, vamos apenas mencionar a mudança fundamental em Paulo expressa por um único texto: ele agora fala de Jesus Cristo ressuscitado como Senhor (1Cor 1,2ss).

O que aconteceu? Exatamente como traçamos a evolução de Apolo por um itinerário de Éfeso a Corinto, seguimos a de Paulo indo na direção oposta.

2. *Paulo, de Corinto a Éfeso*

Aqui, limitar-nos-emos a seguir as relações de Paulo com Áquila e sua intervenção em Éfeso. De fato, Paulo separou-se de Áquila em Corinto por ocasião de uma crise provocada por sua pregação (TO à direita):

(18,4a) *Todos os sábados, Paulo discutia na sinagoga,*	*Ao entrar na sinagoga todos os sábados, ele discutia e apresentava o nome do Senhor Jesus.*
(4b) *procurando convencer judeus e gregos...*	*Ele procurava convencer não só judeus, mas também gregos.*
(5b) *Paulo dedicou-se inteiramente à Palavra, testemunhando diante dos judeus que o Messias é Jesus.*	(5b) *Sendo pronunciadas muitas palavras e sendo as Escrituras interpretadas, certos judeus opunham-se e blasfemavam.*
(6) *Por causa de sua resistência e blasfêmias, ele sacudiu as vestes e disse-lhes: "O vosso sangue caia sobre vossas cabeças; eu não tenho culpa. De agora em diante, vou dirigir-me aos pagãos".*	*Então Paulo, depois de sacudir as vestes, disse-lhes: "O vosso sangue caia sobre vossas cabeças; eu não tenho culpa. Agora vou dirigir-me aos pagãos".*
(7) *Então, saindo dali, Paulo foi para a casa de um homem chamado Tício Justo, adorador de Deus, que morava ao lado da sinagoga.*	*Então, saindo da casa de Áquila, refugiou-se com Justo, adorador de Deus. Sua casa ficava ao lado da sinagoga.*

O TA faz um relato muito simples. Depois de judeus e gentios terem demonstrado certo interesse em sua mensagem, Paulo dedica seus esforços aos judeus. Quando eles o rejeitam completamente, ele pronuncia algo como uma maldição inspirada por Ez 33,2-9 e termina com o anúncio de uma futura missão para os gentios, dirigindo-se então à casa de um gentio, adorador de Deus. Tal declaração de Paulo não é nova nos Atos: em 13,46, com Barnabé, em Antioquia da Pisídia, ele anunciou que ia se dirigir aos pagãos, o que não o impediu de sistematicamente visitar as sinagogas onde quer que ele fosse. O que é novo aqui é ele ir ficar com um adorador de Deus, detalhe que lembra o episódio de Pedro e Cornélio. O tema que provocou a rejeição foi o testemunho de que "o Cristo é Jesus". No contexto do TA, é difícil ver nisso um anúncio propriamente messiânico; é antes um querigma paulino que dá testemunho da ressurreição.

O TO apresenta uma imagem bem diferente. O primeiro ponto essencial é que Paulo provoca a divisão entre os judeus. Só são dados dois detalhes de sua mensagem: havia discussão, prolixa e talvez confusa, a respeito da Bíblia, e ele "apresentava o nome do Senhor Jesus". Essa segunda parte, que não contém o termo "Cristo", é suspeita. Para o TO, Paulo, como Áquila, é messianista, o que justifica a mistura de arrebatamento, debates bíblicos e divisões; posteriormente, um glosador bem-intencionado acrescentou uma frase que mostrava que, para falar do "Messias", Paulo acrescentava "Jesus" e "Senhor", isto é, Jesus como Senhor e não só como Messias.

Finalmente, o fato de, no TO, Paulo declarar "Agora vou dirigir-me aos pagãos" e deixar Áquila pela casa de um adorador de Deus, parece-se muito com um movimento de raiva acompanhado de uma transgressão significativa (entrar na casa de um gentio). No que se segue, versículos 18-21, é explicado que Paulo chega a Éfeso com Áquila (e Priscila) e os deixa ali, mas durante muito tempo os comentaristas consideram esses versículos toques secundários que preparam para o encontro entre Áquila e Apolo nessa cidade. Áquila está sob as ordens de Paulo e, assim, Apolo receberá ensinamento sólido. Na realidade, Paulo separou-se de Áquila, que nunca diz que se dirigirá aos gentios e que com certeza não recomendou a Apolo que o fizesse.

Ao remontar do TA para o TO, distinguimos uma imagem de Paulo como ativista messiânico. Essa passagem é narrada depois do episódio em Antioquia que já examinamos, que se segue ao incidente na estrada de Damasco, episódio que aconteceu antes de 39, enquanto o encontro com

Áquila ocorreu em 41. Nossa conclusão é que Paulo já acreditava ser Jesus o Messias, cuja volta era iminente, mas que essa crença ainda não provocara nenhuma outra mudança em sua posição fundamental.

3. Os discípulos em Éfeso

De fato, voltamos a encontrar Paulo logo depois em Éfeso (deixamos de lado diferenças insignificantes entre o TO e o TA):

(19,1)	Paulo desejou de livre e espontânea vontade ir a Jerusalém e o Espírito disse-lhe para voltar à Ásia.
Enquanto Apolo estava em Corinto, Paulo atravessou o planalto e chegou a Éfeso. Aí encontrou alguns discípulos.	Depois de atravessar o planalto, ele chega a Éfeso
(2) Ele perguntou-lhes:	(2) e pergunta aos discípulos:

"Vós recebestes o Espírito Santo quando abraçastes a fé?" Eles responderam: "Nem sequer ouvimos dizer que existe Espírito Santo!". (3) Então Paulo perguntou: "Que batismo então recebestes?". Eles responderam: "O batismo de João". (4) Paulo disse-lhes: "João administrava um batismo de conversão, dizendo ao povo que acreditasse naquele que viria depois dele, isto é, em Jesus". (5) Tendo ouvido isso, eles foram

batizados no nome do Senhor Jesus.	batizados no nome do Senhor Jesus para a remissão dos pecados.
(6) Paulo impôs-lhes as mãos, e o Espírito Santo desceu sobre eles. Começaram então a falar em línguas e a profetizar.	(6) Paulo impôs-lhes as mãos, e o Espírito Santo caiu sobre eles. Começaram a falar em línguas, e eles mesmos a interpretar e a profetizar.
(7) Ao todo, eram uns doze homens.	

Esta passagem tem fama de ser difícil, em especial quanto à identidade dos discípulos. Mas continuemos com o método empregado até agora para examinar rigorosamente as diferenças entre o TA e o TO.

Na perspectiva do TA, Apolo chega a Corinto depois de Paulo partir, o que concorda com 1Cor 3,6. Em Éfeso, Paulo encontra alguns discípulos que não têm nenhuma consciência do Espírito Santo, e ele os atualiza. O episódio parece ser um resto atípico de uma tradição mais primitiva, que lida talvez com alguns "discípulos de João Batista". É difícil que sejam discípulos de Jesus, pois Paulo, Áquila e Priscila acabaram de passar por Éfeso e lançar as bases de uma comunidade cristã. O grupo é pequeno, o que revela a preocupação de Lucas não só com grandes números, mas também por uma dezena de indivíduos. Pelo batismo no nome de Jesus e o dom do Espírito, eles entram em contato com Pentecostes (ver At 2,41), graças a Paulo. Assim, tudo está em ordem e o progresso da Igreja está intacto.

A comparação com o TO revela que a passagem foi reelaborada e a interpretação que acabamos de dar se destrói. Primeiro, Paulo é desviado de seu plano de ir a Jerusalém, com notável contraste entre o que ele próprio queria e o impulso do Espírito que o faz dar meia-volta. Então, em Éfeso, ele fala aos discípulos, que são exatamente doze, segundo alguns manuscritos, e lhes conta sobre o Espírito. Não há nenhuma ligação com o episódio seguinte, em que Paulo vai à sinagoga de Éfeso durante três meses. Nessa breve narrativa, obtemos uma nova imagem de Paulo. Ele fala do Espírito pela primeira vez; pela primeira vez, dirige-se aos discípulos sem linguagem messianista, ou passagens desordenadas. Esses novos aspectos só podem estar ligados ao Espírito que o faz voltar e, na verdade, mudar de atitude. É até possível falar de uma (segunda) conversão: o modo de Paulo ver Jesus passou por uma profunda transformação.

Descrevemos esses doze como discípulos de Jesus. Entretanto, eles receberam "o batismo de João". Assim, esses discípulos estão na mesma posição de Apolo: em grupos definidos pelo batismo de João, Jesus é mestre e alguém que cura, mas não é o libertador definitivo. Em outras palavras, nesta etapa não há nenhuma grande diferença entre ser discípulo de João ou discípulo de Jesus (ver Jo 3,23). Os discípulos de Jesus são apenas um subgrupo do mesmo tipo, independente das qualidades pessoais de Jesus. Paulo agora lhes diz que João anunciava Jesus. Para ser mais preciso, João anunciava um batismo em vista daquele que viria depois dele, para que eles acreditassem. Esse sucessor seria o libertador definitivo, qualquer que fosse o rótulo exato vinculado a ele, e "crer" significa receber o batismo (ou ser admitido a ele). Paulo lhes diz que o libertador definitivo é Jesus.

Se isso fosse tudo, Paulo teria transmitido aos discípulos em Éfeso a mesma visão de Jesus que Áquila transmitiu a Apolo. Mas nessa narrativa ocorrem com os discípulos duas coisas que não aconteceram a Apolo: eles são batizados "no nome de Jesus" e recebem o Espírito Santo. Assim, a mensagem de Paulo já não é a mesma que a de Áquila. Agora entendemos o sentido de sua pergunta, se eles tinham recebido o Espírito Santo quando abraçaram a fé: é só no Espírito Santo que se apreende a verdadeira identidade de Jesus. Quando eles respondem que nem sequer ouviram dizer que existe um Espírito Santo, não estão falando do Espírito divino em geral. Mais exatamente, eles não receberam o poder de reconhecer que Jesus é essa figura definitiva que João anunciou e no reino de quem eles estão agora, pois ele está vivo. Essa é uma das muitas maneiras de falar sobre a ressurreição, diferente do túmulo vazio ("a terra produziu seu fruto"), mas que se assemelha à passagem final de Mateus: "Eis que estou convosco todos os dias, até o final dos tempos" (28,20).

Paulo não confere o segundo batismo. Ele impõe-lhes as mãos e o efeito do Espírito é uma linguagem incomum, ao mesmo tempo glossolalia (falta de sentido) e profecia (excesso de sentido), o que mostra que o Espírito não é outro senão o dos Profetas. Seu gesto encerra um curso que leva à admissão, que é precisamente o "batismo" reformulado no nome de Jesus, mas ainda, como o de João, conferido "para a remissão dos pecados". Com efeito, esse batismo não é um rito isolado conferido "no nome de Jesus"; ser "batizado" significa "ter concluído um curso batismal". É exatamente isso que vimos em ligação com o batismo de João e, em especial, sua relação com as instituições essênias. Nesse sentido, a culminância do batismo, com o Espírito, é igual à entrada no reino.

Foi isso que Paulo transmitiu depois que o Espírito o fez dar meia-volta. Sendo messianista, ele já se concentrava no reino (que há de vir). O novo aspecto que ele veio a perceber é que, pelo Espírito, o Messias (reino) já está aqui, o que acarreta um jeito novo de ver o batismo. Esse novo aspecto acompanha o que acabamos de ver, quando Paulo declara que ia "dirigir-se aos pagãos". Nessa imagem, Paulo, o ex-messianista, dirige-se agora a um pequeno grupo estruturado, ligado ao batismo de João, e não procura um grande público nem provoca dissensões. No que se segue em Éfeso (At 19,8ss), ele vai de encontros ruidosos na sinagoga à pregação de longo prazo diante de um pequeno grupo de discípulos. Assim, por meio de uma série de passagens que parecem ser casuais e isoladas, mas de fato são características, vemos tomando forma o que por fim será a doutrina paulina, de qualquer forma profundamente enraizada na tradição à qual

Paulo dava tanto valor. O TA prevê constantemente o resultado final, mas o TO permite-nos reconstruir os passos que levaram a ele.

Ainda falta um elo na corrente, e é o primeiro de todos: a descoberta de que esse Messias é ninguém menos que Jesus. Foi o que aconteceu a Paulo em Damasco. Mas, pelo que já vimos, não parece que os detalhes da vida de Jesus desempenharam papel importante em nenhuma das etapas da evolução paulina. É assim com o querigma paulino e permanece assim com o credo. Essa é uma diferença importante entre Paulo e os que conhecem "as coisas a respeito de Jesus", Apolo e também os doze em Éfeso.

III. O início da missão

Concluiremos este capítulo examinando de relance a narrativa dos acontecimentos fundamentais do livro dos Atos, que começaram com a conversão de Paulo e terminaram com Pentecostes.

1. A estrada para Damasco

A "estrada para Damasco" fica perto do mar da Galileia. Em Gl 1,12ss, Paulo conta como ele, o perseguidor, teve uma revelação direta de Jesus Cristo e, então, partiu para a Arábia e voltou a Damasco. Em 2Cor 11,32, ele recorda que em Damasco o etnarca do rei Aretas mandou pôr guarda em toda a cidade para prendê-lo. Assim, há uma ligação entre perseguição, revelação e Damasco, de onde ele fugiu antes de 39, o ano da morte de Aretas IV. Ele diz também que só foi a Jerusalém três anos depois de voltar a Damasco (Gl 1,18), e só então conheceu Cefas e Tiago; ele acrescenta que ninguém na Judeia o conhecia, mas que um rumor o precedia. Apesar de tudo isso, ele era muito ativo e muito visível e, se sua atividade era considerada perigosa pelas autoridades civis (não judaicas) de Damasco, deve ter sido porque provocava distúrbios na sociedade.

A fim de descobrir o que aconteceu, precisamos consultar as três narrativas da conversão de Paulo nos Atos, que dão detalhes complementares. Primeiro, é amplamente reconhecido que a inserção de Paulo no relato do apedrejamento de Estêvão é artificial. Então, o relato de sua conversão explica que em Damasco havia "adeptos do Caminho" (At 9,2; 22,4) e que ele recebera ordens do sumo sacerdote para prendê-los e levá-los a Jerusalém. Esses detalhes localizam as atividades de Paulo em Jerusalém, onde havia discípulos, mas eles encontram duas grandes dificuldades. Primeiro, contradizem formalmente a declaração de Paulo de que os discípulos de Jerusalém só o conheceram pessoalmente três anos mais tarde. Segundo, conforme o plano geral dos Atos, ainda não havia nenhuma missão mais afastada que Samaria. Assim, ficamos surpresos ao ficar sabendo desses discípulos em Damasco e achamos difícil justificar o óbvio interesse de Paulo nessa cidade.

Entretanto, os Atos dos Apóstolos preservam alguns sinais dos detalhes fornecidos por Gálatas. Segundo At 9,26ss, Paulo foi realmente a Jerusalém depois de sair de Damasco, mas todos o temiam. Ainda mais interessante é que foi Barnabé quem o apresentou aos apóstolos, como se ele já o conhecesse. Mas isso é um acontecimento secundário, ocasionado pelas necessidades da narrativa: em Antioquia, como vimos, Barnabé ouve dizer que Saulo está em Tarso, então somos levados a supor que ele já o conhecia. Em todo caso, Barnabé é quem põe Paulo em contato com a missão que se originou em Jerusalém. Desse modo, agora a atividade de Paulo em Damasco parece menos excêntrica: Antioquia está a meio caminho entre Damasco e Tarso, e ele mesmo escreve a respeito do tempo que passou na Síria e na Cilícia, o que se encaixa muito bem (Gl 1,21).

Em Damasco, Paulo encontrou discípulos e foi batizado (At 9,18). Esses discípulos eram certamente judeus e, em certo sentido, discípulos de Jesus, mas não messianistas (como os discípulos de Éfeso). Seja como for, sua nova mensagem nas sinagogas é característica (At 9,20a-22c): "demonstrando que Jesus é o Cristo". Ele já havia sido um zelote messianista. O aspecto fundamentalmente novo é sua identificação do Messias como Jesus, o que dá origem a distúrbios e preocupações entre os judeus (At 9,23ss) e gentios (2Cor 11,32). Os discípulos que o enviaram a Tarso sem dúvida salvaram-lhe a vida, mas também afastaram alguém que era perigoso para a comunidade. Em At 9,26, há um vestígio do medo que Paulo inspirava nos discípulos. Esse medo também indica que os discípulos de Damasco formavam um pequeno grupo que não estava em conflito com os vizinhos judeus. Essa paz está enfatizada em At 9,31, isto é, logo depois que Estêvão e Paulo desapareceram e o mago Simão foi neutralizado – todos eles ligados a desordens.

Vemos o tipo de problema que alguém como Barnabé tinha em Antioquia e o risco que ele assumiu ao ir procurar alguém como Paulo. Muito cedo em sua carreira, Paulo já poderia ter sido chamado de *christianus* pelos romanos e se, naquela fase, ele tivesse aparecido em Jerusalém, teria com certeza provocado a maior desconfiança nas autoridades, a começar pelo próprio sumo sacerdote. Finalmente, não há razão para pensar que em Damasco Paulo tenha demonstrado qualquer interesse nos gentios como tais. Mesmo seu período na Arábia (ver Gl 1,17) não subentende necessariamente um contato significativo com os pagãos, pois os judeus tinham se estabelecido no reino nabateu. Paulo só "dirige-se aos pagãos" muito mais tarde, em circunstâncias que tentamos discernir. Do ponto de vista de sua posição final, ele percebe, naturalmente, como as primeiras etapas de sua carreira prepararam-no para isso e como o todo fez sentido sob a direção da Providência divina. Nessa perspectiva, ele escreve aos gálatas (Gl 1,15s): "Deus, porém, tinha me posto à parte desde o ventre materno. Quando então ele me chamou por sua graça e se dignou revelar-me o seu Filho, para que eu o anunciasse aos pagãos".

2. Acontecimentos em Jerusalém

Talvez o aspecto mais notável dos primeiros capítulos dos Atos seja a estabilidade da comunidade de discípulos de Jerusalém. Eles não têm pressa de começar a atividade missionária, mesmo entre os companheiros judeus. De fato, parece ter havido muito pouco aumento em números (aqui, devemos dar menos atenção aos "milhares" de 2,41 e 4,4 do que à observação de 5,13, segundo a qual "nenhum dos outros ousava juntar-se a eles, mas o povo estimava-os muito"). Ao contrário, vemos uma pequena comunidade reunida, com um modo de vida próprio e ocupada com seus afazeres. Então as coisas começam a mudar.

Em At 3–5, lemos uma série de narrativas ligadas que começam com o relato do coxo de nascença curado por Pedro e João na porta do Templo chamada Formosa, "em nome de Jesus", "o Nazoreu", o que leva a confrontos com as autoridades. No centro (4,31) está o dom do Espírito, confirmação do poder de Deus. O tema principal é, do começo ao fim, a ressurreição de Jesus, proclamada pelos apóstolos e exemplificada pela recuperação do doente. O vocabulário é sem ambiguidade: em 3,7a, Pedro "levantou" o doente, exatamente como em 3,15 e 4,10, em que ele declara que Deus "ressuscitou" Jesus dos mortos. A cura é sinal que expressa a realidade do que é proclamado, que recebe mais confirmação do Espírito.

Nesse ponto, Jesus é, na verdade, "o Nazoreu", e seu nome é poderoso, mas Pedro não declara que ele é o Messias, o que está em nítido contraste com a atividade de Paulo em Damasco e as preocupações que ele provoca ali.

Em seguida, Estêvão, que tem uma relação não muito clara com o grupo ao redor de Pedro, desperta violenta indignação popular ao pregar que "o Altíssimo não mora em casa feita por mãos humanas" (7,48). Tal caracterização do Templo de Jerusalém ofenderia em qualquer tempo os mais apegados ao Templo e, em especial, os sacerdotes encarregados dele. Se procurarmos um contexto histórico no qual os comentários de Estêvão despertariam também a fúria da multidão, nós o encontraremos no período em que Calígula propôs ter sua estátua erigida no Templo.

Segundo At 8,1, uma violenta perseguição levou muitos fiéis (mas não os apóstolos) a sair de Jerusalém. Foi o início de diversas missões, embora nenhum programa fosse traçado previamente. Essa declaração contém fatos e também uma tese. A tese é sucinta e reaparece em todo o livro dos Atos, a saber, que a missão progredia somente graças à perseguição. A primeira, dirigida contra Jesus, permitiu que as Escrituras se realizassem por meio de Judas e das autoridades judaicas, que não sabiam o que faziam. A seguinte provocou a saída de Jerusalém em direção às nações e, posteriormente, a Roma. Como é óbvio, nada ocorreria se não fosse pelos acontecimentos relativos a Estêvão. Nesse sentido, mesmo antes da conversão, sem o saber, Paulo já ajudava a comunidade primitiva a se desenvolver.

Os fatos reinterpretados dessa maneira eram com certeza menos rígidos: uma perseguição em Jerusalém, em escala grande ou pequena, estava sem dúvida ligada à agitação messiânica, mas não é fácil estabelecer sua data (provavelmente na ocasião de uma peregrinação), o que não impossibilita que o grupo de apóstolos já tivesse saído de Jerusalém. É fácil imaginar uma volta à Galileia depois da peregrinação na qual Jesus morreu: o testemunho convergente de Mateus, Marcos e João subentende uma missão iniciada na Galileia. Os encontros de Paulo com Cefas e Tiago em Jerusalém (Gl 1,18ss) não mudam essa conclusão, pois eles poderiam ter acontecido durante uma peregrinação (ver At 20,16), que era com certeza o melhor jeito de se assegurar de encontrar pessoas.

Em todo o livro dos Atos, o ambiente cultural é parecido com o dos essênios. As persistentes alusões ao "batismo de João" como origem absoluta do movimento todo iniciado por Jesus provam isso, não menos que as repetidas referências ao partir do pão (sem nenhuma ligação especial com a morte de Jesus). Nesse tronco original foram feitos com sucesso dois enxertos, representados respectivamente por Pedro e por Paulo, cada um agindo independentemente, mas com autoridade: o primeiro reuniu a ressurreição de Jesus e as curas dos doentes, o segundo renovou seu impulso messiânico desordenado sob o nome de Jesus, mas a princípio sem nenhuma ideia de uma missão para os gentios. O crescimento da comunidade é infinitesimal no primeiro caso e confuso no segundo, mas nessa etapa tudo permanece no mundo judaico.

3. Ascensão e Pentecostes

Fica cada vez mais claro que o avanço do cristianismo neotestamentário só ocorreu gradualmente. A interpretação de At 1–2, que provavelmente se originou na liturgia (com Pentecostes no domingo), faz uma síntese que se resume em duas fases. Primeiro, depois da ascensão, a reação inicial dos apóstolos é esperar passivamente a volta do Messias, que virá para estabelecer seu reino e corrigir; essa atitude – que corresponde à posição de Tiago, que ainda temos de examinar – certamente não está voltada para nenhuma missão. Segundo, os anjos trazem todos de volta à terra, a fim de esperarem o Espírito; isso abre a perspectiva de uma missão universal de conversão, com um sucesso que está necessariamente distante. É óbvio que Tiago está ausente dessa fase, mas os outros dois estão bastante em evidência: Pedro proclama a ressurreição e Paulo instiga o desenvolvimento da comunidade e preocupa as autoridades.

Entretanto, não é realmente uma questão de curar os doentes, ou de messianismo propriamente dito. Em outras palavras, entre as figuras primitivas de Pedro e Paulo e sua posição definitiva no frontispício dos Atos, houve outras transformações ligadas à ressurreição de Jesus e ao Espírito. No primeiro caso, a cura (ressurreição) dos doentes é metáfora para o perdão dos pecados. No outro, a expectativa de Jesus, o Messias, transformou-se na declaração de que ele já voltou e de que o reino definitivo já chegou, como se vê pela abertura de todas as fronteiras e a abolição da linha que antes separava os judeus dos gentios.

Como considera esse reino do Cristo ressuscitado (do Messias que já voltou) uma nova criação, Paulo naturalmente chama seu fundador de "Senhor". As narrativas dos Atos atribuem a Pedro características paulinas (pregar, visitar gentios) e características petrinas a Paulo (curar; ver At 19,11ss). As figuras dos dois apóstolos acabam se harmonizando, como o autor pretende, mas sem perder de vista a comunhão com Tiago, que é enfatizada no episódio central dos Atos, a saber, a assembleia de Jerusalém (At 15). Para isso precisamos agora voltar nossa atenção.

Capítulo 5
TIAGO, PAULO E PEDRO

Qual é a ligação entre o ambiente original do qual surgiu o cristianismo e o NT como o temos, quer dizer, a herança de Pedro e Paulo? A base comum não está bem documentada, mas é ocupada por Tiago e seus sucessores na Judeia. Depois do início não planejado e incerto, aparece uma distinção entre os adeptos de Jesus, entre um ramo principal que é propriamente judaico, ou pelo menos centralizado no judaísmo, e espera sua volta como Messias, e um ramo que surge como fenômeno novo e imprevisível. Este último, que surge com muita hesitação do messianismo assim chamado apropriadamente e que defende a confraternização com os gentios ("nem judeus nem gregos"), reconhece que Jesus é Senhor, isto é, que Deus lhe deu "o Nome que está acima de todo nome" (Fl 2,9). Apesar das subdivisões internas, os dois ramos caracterizavam-se por atitudes contrastantes com respeito à Lei; um e outro podiam receber novos membros a qualquer momento, de origem judaica ou gentia, mas isso não afeta suas identidades diferentes.

Neste capítulo examinaremos Tiago e sua herança, os "nazoreus", e depois suas relações com outros grupos judaicos de tipo semelhante e com os cristãos do tipo petrino-paulino. Essas considerações nos levarão a certas conclusões quanto à formação do NT.

I. Tiago em Jerusalém

Qual era a posição de Tiago? Há muito são discutidas discrepâncias entre diversos textos neotestamentários. Segundo Gl 2,1ss, Pedro, em Antioquia, estava com medo de emissários de Tiago, que não permitia a confraternização à mesa com os incircuncisos. Ao contrário, segundo At 15,12ss, Tiago respondeu oficialmente a Paulo e Barnabé, que vieram de Antioquia, e a Pedro, quando este volta de Cesareia, que a circuncisão não é necessária. Precisamos examinar esses textos mais de perto. Tal exame mostrará que no início Tiago aceitava a conversão de gentios "a Deus", mas mantinha-os a certa distância, ao excluir sua circuncisão, posição que está de acordo com as convicções messiânicas que encontraremos em seus sucessores.

1. Os decretos dos apóstolos

O relato da assembleia de Jerusalém inclui alguns detalhes significativos (At 15,12-22). São dados aqui em tradução literal, que indica as principais variações do TO (à direita):

(15,5) *Alguns da seita dos fariseus, que haviam abraçado a fé, disseram que era preciso circuncidá-los e obrigá-los a observar a Lei de Moisés. (7a) Depois de grande discussão, Pedro levantou-se e falou....*
(13b) Quando terminaram de falar, Tiago tomou a palavra e disse: "Irmãos, ouvi-me. (14) Simeão acaba de nos lembrar como, desde o começo, Deus escolheu do meio das nações um povo dedicado ao seu nome. (15) Isso concorda com as palavras dos profetas, pois está escrito: (16) 'Depois disso, eu voltarei e reconstruirei a tenda de Davi que havia caído; reconstruirei suas ruínas e a reerguerei, a fim de que o restante da humanidade procure o Senhor (TO: Deus) com todas as nações sobre as quais foi invocado o meu Nome', diz o Senhor que

faz essas coisas (18) conhecidas desde sempre.	*faz essas coisas. (18) Desde sempre a obra do Senhor é conhecida como sua.*

(19) Por isso sou de parecer que não devemos inquietar os gentios que se convertem a Deus. (20) Vamos somente prescrever que eles se abstenham

do que está contaminado pelos ídolos, da falta de castidade, de comer carne de animais sufocados e de sangue.	*do que está contaminado pelos ídolos, da falta de castidade e de sangue.*

(21) *Pois desde os tempos antigos, Moisés tem em cada cidade os seus pregadores, que o leem todos os sábados nas sinagogas".*

Está claro no versículo 17 do TO que, para Tiago, é uma questão dos gentios que se converteram a Deus, conforme atestado por Jesus, mas sem nenhuma relação definida com Jesus Cristo; em contraste, "o Senhor" no TA do mesmo versículo permite uma possível referência a Jesus. Essa conversão dos gentios é o cumprimento de uma profecia escatológica

(Am 9,11ss), em que ela está ligada ao reaparecimento da posteridade ("a tenda que caiu") de Davi, isto é, a ressurreição de Jesus. Entretanto, o profeta não prediz que esses gentios formarão um só povo com Israel. Também para Tiago, a chegada dos gentios nada muda na posição ou natureza do judaísmo, pois Moisés é proclamado todos os sábados nas sinagogas.

Portanto, a pergunta legal à qual Tiago responde é simples: devem as nações que reconhecem Deus – um fato novo – integrar-se ou não a Israel, isto é, concretamente, submeter-se ou não à lei de Moisés? A resposta, tirada de Amós, é: claramente, não; não há motivo para circuncidá-los e, desse modo, integrá-los ao povo. Essa resposta, com base nas Escrituras, reforça a censura feita a Pedro em sua volta da visita a Cornélio, por ter entrado em sua casa e comido com ele (At 11,3) – em outras palavras, por ter transgredido uma barreira essencial.

Assim, nosso texto nos diz que a decisão é a de transmitir a esses gentios alguns preceitos. No contexto de Atos, seu sentido parece ser que Tiago não levanta nenhuma objeção à ação de Pedro. Está pronto a aceitar a confraternização à mesa com incircuncisos, desde que estes observem certos preceitos originários contidos em Lv 17–18, obrigatórios para os israelitas, e igualmente para os residentes estrangeiros e destinados a evitar as principais fontes de impureza. Mas, na realidade, Tiago nada diz sobre isto: as fronteiras estão mantidas.

Seguem-se diversas conclusões. Primeiro, já não há nada que contradiga o que Paulo diz em Gl 2,11ss, a respeito da oposição de Tiago a que se compartilhem as refeições com os gentios incircuncisos, mesmo que estes tenham abraçado a fé. Na ocasião em que escreve, Paulo não se esquece de que outrora esteve em comunhão com Tiago (ver Gl 2,9), mas ele mudou muito desde então. Pedro, de sua parte, permaneceu em uma posição mais pragmática, mais ou menos entre Paulo e Tiago.

Como, então, Tiago entendeu os "decretos de Jerusalém"?

2. Preceitos para os filhos de Noé

Já vimos alguma coisa dos adoradores de Deus, os gentios que, de um modo ou de outro, estavam próximos das comunidades judaicas sem, entretanto, dar o passo da conversão formal. Alguns dos acontecimentos decisivos da "abertura para os gentios" ocorreram no meio deles. Entretanto, as fontes rabínicas adotaram outro enfoque para os gentios, que é mais consistente com as origens deles. Quando o horizonte se expande para abranger todo o povo judeu e as esperanças messiânicas foram adiadas para um futuro indeterminado, não se cria nenhuma perspectiva missionária. Pelo contrário, as fronteiras ficam claras e a categoria intermediária de "adoradores de Deus" desaparece – uma evolução pode não estar de todo desligada do surgimento do cristianismo. Mesmo assim, a fim de manter uma perspectiva estritamente monoteísta (e pacífica), as nações como um todo devem receber um lugar, sem, entretanto, dedicarem-se à atividade missionária propriamente dita. É esse o objetivo dos "preceitos para os filhos de Noé".

Esses preceitos são apresentados em várias formas similares. A mais conhecida é a Tosefta (*TAbZ* 8,4): "Sete mandamentos foram preceituados para os filhos de Noé; [tratam de] julgamentos, blasfêmia, idolatria, descobrir a nudez [uniões proibidas], derramamento de sangue, furto de carne viva [arrancada de um animal vivo]". O aspecto mais notável dessa lista é que seu conteúdo global, em especial os cinco artigos do meio, forma uma espécie de semidecálogo, mas que nada em sua formulação remete-os ao decálogo (dez mandamentos) assim chamado estritamente. Mas notamos aqui que a referência a esses sete preceitos não é a Aliança específica com Israel (Abraão), nem sua renovação (Sinai), nem mesmo a criação (subentendida na observância do sábado), mas Noé, quer dizer, uma Aliança muito geral entre Deus e a humanidade como um todo. A diferença é fundamental, porque dessa forma não mais há nenhuma rivalidade entre Israel e as nações. Entretanto, justamente por isso, um adorador de Deus como Cornélio, próximo à sinagoga, já não tem uma posição definida ou, mais exatamente, é mandado de volta para sua nação.

Essas considerações nos levam de volta diretamente à assembleia de Jerusalém e aos decretos de Tiago. É o momento de voltar à pergunta feita pelos fariseus antes do discurso de Tiago. O problema levantado, que se origina da permanência de Pedro com Cornélio em Cesareia, diz respeito a contatos com convertidos gentios. A resposta trata de gentios convertidos a Deus em geral, sem dar nenhuma ideia clara do que se entende por conversão; de fato, a resposta poderia igualmente bem aplicar-se a Cornélio antes da visita de Pedro, pois ele já começara a voltar-se para Deus. O problema real subentendido em tudo isso não são, em primeiro lugar, os contatos com esses convertidos, mas sua posição.

Podemos agora examinar o conteúdo do discurso de Tiago. Sua declaração inicial emprega um vocabulário característico de intervenção divina (ver Lc 1,68: "Bendito seja o Senhor, [...] porque visitou") que rege a Aliança em geral. Entretanto, ele não impõe a circuncisão (a Aliança com Abraão), nem os dez mandamentos (a Aliança do Sinai). De fato, o último preceito que ele dá, abster-se de sangue, refere-se diretamente à Aliança com Noé (ver Gn 9,4ss, que proíbe comer o sangue de animais e também derramar o sangue humano). A proibição da falta de castidade também está presente na história de Noé. Segundo Gn 9,22, Cam *descobriu* aos irmãos a nudez do pai, o que faz com que fosse amaldiçoado. Assim, há implicitamente uma proibição que evolui para um conjunto completo de leis que regem as relações sexuais, pois a expressão "descobrir a nudez" designa precisamente toda a proibição sexual de Lv 18,5ss. Finalmente, a proibição do que está contaminado pelos ídolos é apenas uma expressão prática do monoteísmo, que evita festas e ritos pagãos, considerando que Noé construiu um altar para IAHWEH (Gn 8,20). De um ponto de vista judaico, o monoteísmo não é uma questão de opiniões, mas de atos desempenhados ou evitados.

Essas observações contêm a resposta à pergunta óbvia a respeito dos preceitos de Tiago. Por que ele não proibiu o furto ou o assassinato (expressamente) ou o abandono de crianças, ou a cobiça etc.? Não é provável que ele defendesse a lassidão moral. Antes, devemos concluir que em todas essas áreas ele remetia os ouvintes à legislação civil, romana ou outra e, assim, às sanções ali designadas. Desse ângulo, ele está próximo ao primeiro dos preceitos dados a Noé na lista rabínica: as nações precisam ter leis e instituições judiciárias. Em outras palavras, não há necessidade de estar em comunhão com elas, o que certamente significaria circuncisão, conforme os fariseus exigiam.

Em suma, Tiago não associa os convertidos gentios nem a Abraão, nem a Moisés, mas sim a Noé. Ao fazer isso, ele se baseia em uma tradição imemorial, que não tem ligação com Jesus, exceto por meio da restauração da casa de Davi, com um toque escatológico. De modo delicado, mas firme, ele os conserva a distância da Aliança mosaica que é mantida. Assim, ele está muito perto da perspectiva da tradição rabínica quanto às leis de Noé. Finalmente, em redações mais tardias dos Atos, todas essas providências foram simplesmente entendidas como tendo a finalidade de facilitar as relações entre convertidos de diversas origens; elas têm apenas de ser reinterpretadas como se fossem dirigidas a pessoas convertidas a Jesus Cristo, com o novo alcance do batismo e do Espírito.

Tiago não estabelece nada a respeito de ritos. Não só falta a circuncisão, mas também não há menção ao batismo, ao partir do pão e a qualquer outro preceito relacionado ao culto. Entretanto, o batismo está no fundo, não só no caso de Cornélio, mas também dos pagãos "que abraçaram a fé", que os fariseus querem circuncidar e que certamente expressam a fé por atos visíveis, quer o processo batismal já tenha, quer não tenha sido realizado plenamente. Para eles, esses recém-chegados entraram de fato na Aliança, e o problema da circuncisão surge então com certa urgência. Confrontado com essa nova realidade, Tiago nada diz. O sentido aparente da discussão é que ele a aceita, mas o sentido original é que ele a rejeita. Uma inegável desunião entre Paulo e Tiago, previsível em sua fonte, fica assim disfarçada e é importante descobrir por quê.

A fim de fazer isso, precisamos examinar a posteridade deixada por Tiago na Judeia.

II. O legado de Tiago

O que sabemos a respeito dos discípulos de Jesus na Judeia entre Tiago e a guerra de Bar Kochbá? Segundo o historiador Eusébio, até 135 os bispos de Jerusalém "eram todos por origem" (*Hist. Ecl.* 4,5,2-4) descendentes, como Tiago, da família de Jesus. Pouco se sabe a respeito deles, pois estavam distantes dos círculos que produziram o NT. Depois de 135, e depois que o imperador Adriano expulsou da Judeia os judeus, inclusive os seguidores de Jesus, os cristãos de Jerusalém (agora com o novo nome de Aélia Capitolina) ficaram ligados à diocese de Cesareia, que era de obediência ocidental.

1. Os bispos judeus de Jerusalém

O item principal no dossiê é uma lista de quinze bispos apresentada por Eusébio (ver a referência anterior). Ele afirma ter obtido suas informações de Hegesipo, escritor de origem judaica contemporâneo de Trajano e Adriano, mas deixa claro que sua fonte não continha dados cronológicos. Outros autores dão mais tarde vários detalhes adicionais, em especial datas. De fato, parece que a lista de Eusébio não é uma sucessão de bispos na Sé de Jerusalém, mas uma lista de *episkopoi* que existiam mais ou menos ao mesmo tempo e provavelmente inclui membros da família de Jesus. Tinham o mesmo espírito que Tiago, apesar de ser difícil estabelecer uma sucessão clara a partir dele. A noção de uma "diocese" de Jerusalém não é realmente adequada nesse contexto, embora seja precisamente essa a ficção que Eusébio procura apresentar. Além do mais, não temos conhecimento de múltiplas dioceses na Judeia. Em todo caso, é com certeza anacrônico pensar em termos de jurisdições territoriais; é melhor perguntar o que um *episkopos* (literalmente "supervisor") era e se havia mais de um na mesma região. Aqui basta dizer que eles se pareciam bastante com os "supervisores" de grupos essênios, qualificados para decidir quanto à admissão ou expulsão de membros da comunidade.

O próprio Eusébio nos fornece uma confirmação dessa hipótese, ao citar o relato de Hegesipo (*Hist. Ecl.* 3,20,1-6), segundo o qual os netos de Judas, irmão do Senhor (Mt 13,55), foram presos como descendentes de Davi, por ordem de Domiciano, que temia a vinda de um Messias do Oriente. Levados à presença do imperador, demonstraram ser gente simples, faziam trabalho braçal e possuíam apenas uma pequena propriedade. Foram soltos por não representarem nenhum perigo e voltaram a dirigir "igrejas". Essa narrativa certamente inclui alguns elementos lendários, em especial o comparecimento diante do imperador em Roma, mas três fatos se destacam. Primeiro, eram gente do campo, pequenos fazendeiros ou trabalhadores braçais, o que se encaixa no ambiente galileu original, longe das cidades. Em seguida, o fato de serem parentes do Senhor qualificava-os para serem chefes de comunidades, como Tiago; embora não seja citada, sua função corresponde bem à dos "bispos" no sentido da lista de Hegesipo. Finalmente, há diversas comunidades e não há uma ligação definida com Jerusalém.

2. Os nazoreus

A palavra "nazoreu(s)" ocorre muitas vezes no NT (às vezes na forma "nazareno"), em que parece ser aplicável a Jesus pessoalmente e a outros. É também o nome de uma seita "judeo-cristã" conhecida de Epifânio (*Panarion* 29) e de outros autores cristãos primitivos. Finalmente, é ainda o termo pelo qual os cristãos são conhecidos em várias línguas semitas. Qual é a ligação entre esses usos? O que a palavra significa originalmente? Simplesmente "de Nazaré"? Veremos que os nazoreus são ao mesmo tempo "os irmãos de Jesus" e a posteridade de Tiago.

O cognome "nazoreu" é aplicado diversas vezes ao próprio Jesus. Há dois casos em Mateus. Em 2,23, a cidade de Nazaré, onde José e sua família vão morar, relaciona-se com um versículo não identificado, tirado dos "profetas e aplicado a Jesus: "Ele será chamado nazoreu". Em Mt 26,69-71, duas criadas sucessivamente perguntam a Pedro se ele estava com Jesus, o galileu, depois com Jesus, o nazoreu; é evidente que as duas expressões têm quase o mesmo sentido. Também é óbvio que as duas têm um sentido geográfico. Entretanto, como vimos (cap. 3, §I,2), o termo "galileus" também designa os zelotes, o que talvez não seja irrelevante quanto às origens de Pedro, e "nazoreu" parece significar mais que "de Nazaré", como demonstra a falsa citação de Mt 2,23. (Nazaré pode bem ter começado como um assentamento de nazoreus.) No Evangelho de Lucas, há um único caso: em 18,37, dizem ao mendigo cego de Jericó que "Jesus, o nazoreu, está passando" e ele grita: "Jesus, Filho de Davi, tem compaixão de mim!"". Assim, o nome é aqui associado à descendência de Davi, como vimos em ligação com a sucessão de Tiago.

Nos Atos, vistos aqui como continuação de Lucas, a palavra aparece seis vezes para designar Jesus: em 2,22; 3,6; 4,10; 6,14; 22,8; 26,9. A essas referências devemos acrescentar a menção dos discípulos de Jesus por ocasião do julgamento de Paulo (At 24,5), em que um advogado que representa o sumo sacerdote acusa-o de provocar conflitos "entre os judeus do mundo inteiro" e também de ser "um dos líderes da seita dos nazoreus". O movimento é aqui chamado de "seita", como os saduceus (At 5,17) e os fariseus (At 15,5); é obviamente um movimento judeu. Em resposta, Paulo não diz que é nazoreu, mas contesta a palavra "seita" e declara-se seguidor do Caminho, ao mesmo tempo que protesta sua condição pacífica.

Há, portanto, um hiato entre as duas percepções de Paulo. Do lado judaico, ele é considerado nazoreu; ele próprio não nega realmente isso, mas insiste em sua fidelidade à Lei e aos Profetas. A palavra parece apresentar um perigo: mas qual e para quem? Aplica-se a Jesus e a seus discípulos, o que é excepcional – todos os outros títulos de Jesus são característicos dele. E, além do mais, em geral é dado por judeus que estão fora do grupo de discípulos, exceto no caso de Pedro que, nos Atos, insiste no nome "Jesus, o nazoreu".

Isso nos leva ao testemunho de João. O letreiro escrito por Pilatos tinha as palavras: "Jesus, o nazoreu, rei dos judeus" (Jo 19,19). Depois, os sumos sacerdotes contestaram a segunda parte da inscrição, mas não a primeira: ele era verdadeiramente "Jesus, o nazoreu", que eles tinham antes mandado procurar (Jo 18,5.7). Portanto, embora Jesus nunca se chame por esse nome, era conhecido por ele. Neste caso, como antes, o título tem nuanças de realeza ou, pelo menos, de algum tipo de poder.

Assim, encontramos diversas indicações de que o nome remonta a Jesus, mas ainda precisamos descobrir se é ou não favorável. No caso do letreiro na cruz, serve para identificar Jesus ou para dar o motivo de sua condenação, esclarecida por sua pretensão à realeza. Entretanto, os "judeo-cristãos" conhecidos de Epifânio, que se autodenominavam nazoreus e presumivelmente não estavam inovando, e o uso do título por Pedro (antes de qualquer encontro com os gentios) nos impedem de considerá-lo um mero apelido dado por adversários. Deve vir do grupo que cercava Jesus. Por outro lado, o título é claramente residual no NT como o temos, que muitas vezes procura neutralizá-lo por meio da ênfase na referência geográfica (Jesus, "o nazareno"), em geral a que os tradutores percebem (Jesus "de Nazaré"). A hipótese mais simples é considerar esse desprestígio como sinal de uma intenção, no momento da redação definitiva, de manter uma distância segura dos nazoreus.

Para esclarecer o sentido do título e também as restrições demonstradas para com ele, só precisamos reunir os nazoreus de Epifânio, que vêm de Jerusalém, e os sucessores de Tiago, sobre os quais Hegesipo escreveu, que se vangloriam da ascendência davídica e usam o mesmo título, e por extensão, os partidários deles. Em outras palavras, voltamos à semelhança acentuada geralmente reconhecida entre "nazoreus" (*nosrim*) e o broto (*neser*) que vai surgir da raiz de Jessé, pai de Davi (Is 11,1). Talvez também haja uma alusão ao verbo *nasar*, "observar, vigiar", o que permite a conotação de "observar" a Aliança e "vigiar" à espera dos sinais do Messias.

Assim, temos um grupo baseado, pelo menos nocionalmente, na descendência de Davi; dele virá o Messias. Jesus era nazoreu e o mesmo eram seus "irmãos". Entretanto, o Messias vitorioso não se identifica com nenhum dos nazoreus já conhecidos, nem mesmo com Jesus durante sua vida, mas é aguardado do meio deles, em forma da volta desse mesmo Jesus ou um sucessor, que então será reconhecido como Messias ou rei. Isso nos possibilita entender como Jesus e seus sucessores tinham o mesmo título e como essa descendência de Davi era seguida com atenção tão extrema; o que Hegesipo e Eusébio têm a dizer sobre esse ponto não deve ser menosprezado como fantasia. Outra consequência é que a identificação de Jesus e só dele como Messias deve ser considerada outro avanço na comunidade. Nesse meio-tempo, depois da ascensão de Jesus ao céu, Tiago e os outros nazoreus aguardam o momento em que Deus enviará o Messias predestinado (At 3,20).

3. O desprestígio de Tiago e sua volta às boas graças

Eusébio menciona em dois lugares que os cristãos da Judeia eram circuncidados: uma vez, quando relata que Justo ocupou a Sé episcopal (*Hist. Ecl.* 3,35), e mais tarde, quando dá a lista já examinada, ele acrescenta que a Igreja de Jerusalém como um todo se compunha de hebreus fiéis (4,5,2). Esse detalhe é instrutivo. Eles não só eram de origem judaica, mas eram também circuncidados e praticantes. Em outras palavras, a informação dada por Eusébio de que o grupo judeu associado a Tiago compunha-se de judeus praticantes tem perfeita consistência. Além disso, os constantes rumores de que Tiago e seus sucessores eram da estirpe de Davi são sintomas messiânicos estritamente judaicos. Nesse caso, a dificuldade de estabelecer uma clara sucessão de Tiago levanta dois problemas interligados: por que não há informações significativas a respeito dos sucessores imediatos de Tiago? E, ao mesmo tempo, por que Eusébio toma tanto cuidado para enfatizar a legitimidade da Igreja de Jerusalém, apesar do que parece ter sido uma espécie de desprestígio? A pergunta torna-se mais crucial à luz da extrema desconfiança de Eusébio de todo tipo de heresia e do judaísmo; ele não trata cordialmente os ebionitas (*Hist. Ecl.* 3,27), que não têm nenhuma ligação conhecida com Tiago. Podemos até admitir que, para ele, os sucessores de Tiago compunham um ramo extinto e não eram um problema de seu tempo.

De fato, é compreensível que não houvesse muitas informações disponíveis a respeito de Tiago e seus sucessores imediatos e seus seguidores: os problemas com os judaizantes em Antioquia ou Corinto eram suficientes para explicar por que grupos de um tipo paulino, dominantes na publicação do NT, mantiveram-se a distância, já que o contato era impossível. Até entendemos perfeitamente bem por que esses grupos protelaram por muito tempo antes de dar uma forma definitiva aos evangelhos, isto é, a biografias de Jesus, que se originaram em círculos judaicos. Mas, então, por que esse interesse recém-descoberto nos bispos judeus de Jerusalém no tempo de Trajano e Adriano? Parece subentender algum contato em uma etapa mais tardia, por ocasião de acontecimentos que eram importantes o bastante para relegar ao passado rixas antigas.

Diversos fatos convergentes nos permitem formar uma hipótese. Primeiro, sob Trajano e Adriano havia um clima de perseguição de judeus e também de cristãos. Então, de maneira notável, as fontes rabínicas começam a interessar-se por "sectários" (*minim*), inclusive *nosrim*, somente no tempo de Gamaliel II, isto é, depois de 90, o que nos deixa próximos de Trajano e Adriano, e também dos "bispos" de Hegesipo. Em outras palavras, em certo momento os discípulos de Jesus foram considerados como tendo mudado de lado. A conclusão mais simples é que, até então, era difícil diferenciar os sucessores de Tiago de outras irmandades. Essa categoria certamente continha muitas correntes, algumas delas mais ou menos messiânicas.

O acontecimento que aproximou mais dos cristãos paulinos os judeus fiéis a Jesus pode bem ter sido a perseguição. Mas é necessário mais para explicar a rejeição por outros judeus, que culminou na perseguição de Bar Kochbá dos "cristãos" durante a guerra (Justino, *I Apologia* 31,6). A comunicação entre esses grupos deve ter ocorrido em algum momento anterior. Veremos que uma das formas que ela assumiu foi a circulação de textos escritos.

III. Tanaítas e nazoreus

Oficialmente, para as fontes judaicas pré-constantinas, o cristianismo não existe, quer dizer, não é uma ocorrência significativa na história do judaísmo. Essa visão está de acordo com uma perspectiva tradicional que julga ser a Mixná originária de um ambiente que representa todo o povo e é, portanto, herdeira natural da totalidade de tradições desde antes das duas destruições de 70 e 135. A visão simétrica da qual o NT está imbuído consiste em considerar os cristãos o verdadeiro Israel. Polêmicas mais ou menos abafadas fundamentam tudo isso. De fato, do lado judaico, há vários sinais de posições assumidas com respeito ao cristianismo em uma etapa primitiva; certas questões eram até importantes o suficiente para ter desempenhado papel apreciável na evolução do sistema rabínico.

1. Indícios de polêmica

O judaísmo rabínico demonstra grande desconfiança de todas as manifestações de messianismo, até de seus símbolos mais obscuros. Na verdade, a tradição rabínica distancia-se de todas as conjeturas apocalípticas e escatológicas a respeito da salvação a fim de concentrar-se na santificação da vida cotidiana. Essa reação é por demais geral para dever-se apenas a um único acontecimento, embora muito traumático, tal como o fracasso de Bar Kochbá. Revela um perigo permanente que era ao mesmo tempo uma tentação. No século II, os tanaítas, transmissores da tradição rabínica, eram criativos também no campo bíblico. Um dos resultados foi canonizar determinada forma do texto hebraico da Bíblia (o "texto massorético" = TM); analogamente, apareceu uma nova tradução grega (a de Áquila), que era mais semelhante ao TM do que à Septuaginta, que era a Bíblia dos cristãos. Um dos mecanismos em ação era claramente o desejo de manter o cristianismo a distância, principalmente os cristãos que estavam mais atentos ao messianismo no sentido judaico.

Outro exemplo do mesmo mecanismo é a ênfase, no judaísmo rabínico, nos 613 preceitos, todos de igual importância; dessa maneira, a tradição rabínica torna impossível centralizar a Aliança em um único preceito. Para ter uma ideia mais clara do que está em jogo, vamos voltar um momento às irmandades (ver antes, cap. 3, §V,1). O *haber* é definido como aquele que come em estado de pureza levítica, o que não significa que ele não observe os outros mandamentos, mas só que, para ele, todos convergem para um único preceito que reúne o resto. O mesmo pode ser dito dos essênios: tomar parte na "pureza", a refeição comunitária, pressupõe não só a conclusão do curso batismal, mas também a fiel observância de toda a Lei, pois qualquer violação que é flagrada acarreta certo grau de impureza e afasta da refeição o infrator, por pouco ou muito tempo. O mesmo é verdade no cristianismo de todas as épocas, com seus procedimentos de acesso à Eucaristia e excomunhão.

Esses elementos unem-se em torno da palavra "sectários" (*minim*), que entra nas fontes a partir do tempo da reorganização de Gamaliel em Iavne. Recordamos que seu empreendimento era formar um judaísmo abrangente, que incluía o povo como um todo. Portanto, ser membro da nação judaica, que tinha a circuncisão como sinal da Aliança, era importantíssimo; analogamente, já não havia mais um lugar dentro do judaísmo para as características exclusivas das irmandades ou das comunidades essênias. Assim, a expulsão dos *minim* – termo que se referia aos discípulos de Jesus, embora não só a eles – foi consequência lógica. Além disso, do ponto de vista judaico, os nazoreus (os *nosrim* das fontes rabínicas) contaminaram-se com o cristianismo de tipo paulino. A linha divisória entre judeus e gentios estava ficando perigosamente porosa.

2. O perigo do cristianismo

Os movimentos indicados antes parecem ser reações a um proselitismo cristão ativo, que afetou os círculos próximos dos que definiam o judaísmo rabínico emergente. Para termos alguma ideia do que estava envolvido, precisamos considerar as atitudes sucessivas dos rabinos quanto às línguas grega e aramaica (siríaca).

Há muitos indícios de que a língua grega era usada e bem considerada em círculos (proto-)rabínicos no século I e, novamente, no século III. Entretanto, no meio, caiu em desgraça. Esse temor repentino do grego explica-se por um novo contato entre judeus fiéis a Jesus e cristãos de outro tipo. Deduzimos que missionários cristãos gentios começaram a aparecer no final do reinado de Trajano ou no início do de Adriano, ao mesmo tempo que o espírito zelote estava mais uma vez em ascensão entre os judeus; eles talvez tenham até contribuído para essa ascensão. Esses cristãos provavelmente vieram de Roma e trouxeram consigo alguns livros em grego, em uma forma mais ou menos editada. Vimos que Justino, com as *Memórias dos apóstolos*, atesta uma primeira etapa na qual havia textos fidedignos, embora ainda não publicados formalmente (cap. 1, §I,1).

Neste ponto, é preciso ampliar o problema da circulação de textos e considerá-lo indo nas duas direções. Talvez tenha sido nesse momento que as epístolas de Tiago e Judas, de modelo judaico, foram incluídas na coletânea que ia formar o NT; isso está de acordo com o fato de sua canonicidade ter ficado em discussão até o século III. De modo semelhante, o *Evangelho segundo os hebreus,* mencionado por Eusébio (*Hist. Ecl.* 3,27,4), talvez tenha alguma ligação com uma forma propriamente judaica de Mateus. É difícil ser mais preciso quanto às circunstâncias dessas novas mudanças sob Trajano e Adriano; apenas supomos que não aconteceram da noite para o dia. Devemos também nos lembrar de que o grego era comum a todos. Essas trocas de textos, que não eram publicados, mas tinham autoridade apostólica, não aconteceram sem criar algumas tensões entre os que as aceitavam e os que as rejeitavam. Se havia dúvidas em círculos gentios quanto às epístolas de Tiago e Judas, é muito provável que houvesse também hesitações correspondentes quanto aos textos recém-chegados à Judeia.

Mais tarde, depois de 200, o patriarca de Judá, organizador da Mixná, aceitou o grego com respeito, mas demonstrou desconfiança quanto ao aramaico. O centro de atividade é agora a Galileia, ao redor do lago, o que dá um indício para entender por que o perigo do cristianismo já não está ligado ao grego, mas ao siríaco. A expansão do cristianismo para o leste, para a Síria oriental e a Mesopotâmia, não está bem documentada. Mas, mesmo que o cristianismo existisse nessas regiões bem antes de 200, a difusão dos textos cristãos, quer do NT siríaco traduzido do grego e recentemente canonizado, quer mesmo apenas de uma concordância como o *Diatéssaron* de Taciano, é atribuída a esse período.

No fim do século II, havia em Edessa, na Mesopotâmia Superior, uma comunidade cristã de bom tamanho, que reconhecia sua subordinação a Antioquia, berço de todas as Igrejas orientais que adotaram o NT e centro a partir do qual o cristianismo alcançou progressivamente o interior da Síria (Damasco, Palmira) e a Pártia/Pérsia (Selêucia, Ctesifonte). A língua e a escrita siríacas originaram-se do ramo do aramaico oriental próprio da região de Edessa e são muito parecidas com o aramaico do Talmude.

A conclusão é simples: o aramaico banido por Judá era na verdade o siríaco. Sua intenção era proteger a comunidade contra a ameaça que estava ligada a textos em aramaico, com uma circulação que certamente se devia a uma nova onda missionária, mas que, desta vez, vinha de Damasco e Edessa. De fato, a rejeição do siríaco foi apenas temporária. A desconfiança do grego também desapareceu. Isso significa que as Igrejas de língua grega, mesmo as próximas (Cesareia Marítima), tinham assumido uma posição muito independente do judaísmo (depois de 135) e que o esforço missionário tinha mudado de direção. Assim, as medidas tomadas com respeito ao siríaco e ao grego são estritamente paralelas, e ambas parecem ter sido tomadas, em tempos diferentes, pela mesma razão.

Em suma, os círculos que produziram a Mixná tiveram de assumir uma posição pragmática em relação às formas nas quais o cristianismo evoluía. Para os nossos propósitos, isso tem dupla importância. Primeiro, esses problemas a respeito dos fiéis judeus revelam o ambiente original dos discípulos de Jesus e completam o que vimos antes, nos capítulos 2 e 3.

Segundo, a maneira de usar as fontes rabínicas mais primitivas pode ser aprimorada. A princípio, havia áreas muito claras de semelhança com o ambiente do cristianismo primitivo; depois, foram tomadas medidas para manter distância entre os dois; finalmente, as medidas foram ocultadas por acontecimentos mais tardios, no momento em que as irmandades ampliaram os horizontes para incluir as pessoas como um todo. É presumível que a ideia por trás desses movimentos fosse mostrar que a aparição do cristianismo não foi um acontecimento notável na história do judaísmo, mas apenas um incidente muito lateral, ainda que lamentável.

IV. A formação do Novo Testamento

O propósito geral de nosso estudo é descrever o ambiente no qual o cristianismo começou, definindo suas instituições características. Um exame das fontes literárias cristãs e judaicas já nos levou a dar grande importância a acontecimentos e textos do século II. Em contraste, os indícios do século I raramente são diretos, e em muitos casos foram transmitidos por meio de sucessivas redações em um período de mais de cem anos.

Esses fatos têm duas consequências que justificam o procedimento que foi seguido. Primeiro, a distinção entre fatos históricos e costumes é da máxima importância. Segundo, embora a transmissão oral dominasse havia muito tempo, os cristãos possuíam coletâneas de notas a respeito da vida de Jesus que sem dúvida tinham autoridade apostólica. Graças à distinção que estabelecemos no início entre composição ou redação e publicação, vemos como essas coletâneas circulavam e evoluíam. Não há nenhuma razão decisiva para supor que a publicação formal e definitiva acontecesse imediatamente. Como o ato básico da publicação escrita é fazer uma cópia (ou tradução), é natural imaginar edições um tanto sucessivas, das quais, por sua vez, eram feitas cópias, com resultantes adulterações, como também revisões etc. No que diz respeito ao NT, a ideia de um cânon escrito e publicado, isto é, uma seleção fidedigna, surge de várias formas entre Justino e Ireneu, mas sempre no Ocidente, fato que merece ser mencionado. Não sabemos precisamente que circunstâncias, isto é, que conflitos de autoridade levaram à produção dessas listas específicas. Entretanto, é razoável pensar que, de qualquer modo, com a passagem do tempo, essas coletâneas devem ter mudado cada vez menos, à medida que as tradições apostólicas ficavam mais antigas e, portanto, mais veneráveis.

No capítulo inicial, vimos que a publicação dos evangelhos, isto é, biografias de Jesus, só aconteceu bastante tarde. Estreitamente relacionado com isso está o fato de que as cartas paulinas, o credo romano e, de modo mais geral, toda uma corrente do cristianismo primitivo somente falam de Jesus crucificado e ressuscitado, não como aquele que cura, mestre ou Messias. O caso dos fiéis judeus, com seu *Evangelho segundo os hebreus*, permite-nos insistir mais atentamente na questão. Nas fontes, eles estão divididos em dois ramos, mas a esta altura é difícil saber se são realmente distintos. De um lado estão Tiago e seus sucessores. Até desaparecerem sob Bar Kochbá, são reverenciados como "filhos de Davi" e aguardam a volta de Jesus como Messias. Do outro, estão os "judeo-cristãos" bastante desacreditados, inclusive os "nazoreus", que Jerônimo julga com a severidade que já se tornara tradicional: "Como eles querem ser judeus e também cristãos, não são nem uma coisa nem outra". A sina deles era verdadeiramente dura: excluídos pelo judaísmo rabínico emergente e pelo cristianismo neotestamentário emergente.

1. Os nazoreus e os evangelhos

Como os evangelhos canônicos são biografias de Jesus, é natural procurar ali traços do ambiente original e, no pano de fundo, sinais de condenações rabínicas. De fato, os evangelhos distanciam-se um pouco de sintomas nazoreus, mas preservam alguns traços. A interação já notada entre o uso da palavra "nazoreu" e do termo aparentemente sinônimo "nazareno" indica debates antigos a respeito da ascendência davídica de Jesus e, em especial, a respeito do sentido dessa ascendência, na qual o elemento nazoreu foi atenuado o melhor possível. Há outros sinais do mesmo debate. Mateus e Lucas, com suas genealogias e o nascimento de Jesus em Belém, afirmam sua linhagem davídica sem usar a palavra "nazoreu" nesse contexto. Jo 7,41s nega expressamente isso, enfatizando que Jesus veio da Galileia (ver também 1,45ss), e recusa-se a associar a identidade messiânica de Jesus de algum modo com a linhagem de Davi: "O Cristo, quando vier, ninguém saberá de onde é" (Jo 7,27). Em Ap 5,5; 22,16, Jesus chama a si mesmo "o rebento e a raiz de Davi", com evidente alusão a Is 11,10 ("a raiz que restou de Jessé"), mas evitando o versículo 1, que tem exatamente o mesmo sentido, no entanto, se presta a um tom mais explicitamente "nazoreu".

Os conflitos com os judeus no NT podem agora ser postos em perspectiva. Tomemos primeiro a comunidade joanina. Estudos recentes de João mostram que esse evangelho é mais judaico do que se costumava pensar, e que ele precisa ser lido em dois níveis: ao mesmo tempo que narra e reinterpreta a história de Jesus, apresenta também a história mais tardia dos cristãos joaninos. Em especial, o temor dos judeus e a exclusão da sinagoga em Jo 9,22 (bem como as expulsões profetizadas em 16,2) não se referem aos dias de Jesus, mas a conflitos mais tardios, em um momento em que "mesmo entre os chefes, muitos passaram a crer nele. Mas não o confessavam, por causa dos fariseus, para não serem expulsos da sinagoga" (Jo 12,42).

O toque editorial final desse evangelho não é nazoreu e até se opõe a essa tendência. Assim, vemos o enfraquecimento de tonalidades de sentido messiânico e davídico, e a insistência na ressurreição, no Espírito (20,21ss) e na missão universal não messiânica (Jo 4,35ss; 12,19ss). Entretanto, se esses poucos aspectos forem omitidos, o ambiente no qual o quarto evangelho originou-se surge claramente nazoreu e em conflito com os judeus, em especial os fariseus. Esses adversários judaicos pertencem a círculos que são fechados e, sem dúvida, muito ativos, e não são o povo como um todo, nem as autoridades de Jerusalém. Levando em conta o que já foi dito quanto às origens similares dos primitivos tanaítas e dos discípulos de Jesus, a conclusão é manifesta: esse conflito mais tardio não é outro senão a luta contra os *minim*, atestada pelas fontes rabínicas, depois de 90 e em relação à reorganização de Gamaliel II.

Podemos fazer observações semelhantes quanto aos outros evangelhos. Assim, a pergunta fundamental examinada por Mateus é do tipo sectário: qual é o verdadeiro Israel? As parábolas do reino incluem passagens ameaçadoras, nas quais os herdeiros legítimos são esbulhados; é uma briga de família. Ali também tem de ser feita uma leitura dupla. Em um nível, o evangelho narra a história tradicional de Jesus, que continua a de João Batista e está ligada, como vimos, a grupos de reformadores do tipo essênio. Sobreposta a isso está a crescente hostilidade de Israel para com os discípulos de Jesus, uma etapa posterior que se seguiu a um período mais calmo, representado por Mt 17–20, dominado pelo treinamento para a missão. No fim, há uma última cisão. Entre os judeus, ficou divulgada "até o presente dia" a versão de que o corpo de Jesus foi roubado durante a noite (28,12ss).

Da mesma maneira, proclamar a ressurreição seria uma impostura "pior do que a primeira", dizem os sumos sacerdotes e os fariseus. A associação desses dois grupos é um anacronismo, pois historicamente eles se opunham. O Jesus ressuscitado manda os discípulos para todas as nações e declara que estará com eles até o fim dos tempos (Mt 28,16ss). Mas isso não é realmente messianismo, pois aqui Jesus ocupa o lugar do Paráclito em João, ou do Espírito nos Atos, e todos os outros títulos ficam em segundo lugar. Em outras palavras, o conflito subsequente da comunidade com os fariseus, muito depois de Jesus, é sobreposto pela condenação de Jesus pelas autoridades e depois repercute como missão para os gentios ou, mais exatamente, para todo o mundo.

Esse conflito final, expressado com bastante agressividade, parece-se bastante com a crise dos *minim*; é um problema propriamente judaico, ainda estritamente dedicado a uma forma de messianismo. Por outro lado, a missão universal revela outro horizonte, segundo o qual é precisamente graças a esse conflito que essa missão surgiu, saindo de um messianismo estritamente judaico. É esta a teoria expressa em Rm 11,11ss: "O passo em falso que [os judeus] deram serviu para a salvação dos pagãos".

É difícil definir as etapas precisas da formação de nossos evangelhos, mas a crise final parece ter tido uma dupla dimensão, que correspondeu a duas fases de composição literária. Primeiro, os fiéis judeus foram rejeitados pelas forças dominantes no judaísmo como *minim*, ao mesmo tempo que foi efetuada uma ligação com grupos de tipo paulino. Finalmente, o desaparecimento gradual do título "nazoreu" indica uma separação dos fiéis judeus que recusaram essa ligação. Esse esboço também mostra outro canal pelo qual uma biografia de Jesus poderia ter circulado e, então, se transformado.

2. Lucas-Atos

Nos capítulos iniciais do Evangelho de Lucas, a ação de graças entoada por Simeão ao ver Jesus é clara: "luz para iluminar as nações e glória de Israel, teu povo" (2,32). Entretanto, já no sermão inaugural em Nazara/Nazaré (4,16ss), a congregação a princípio se entusiasma, depois rejeita Jesus e quer apedrejá-lo quando ele cita referências bíblicas à salvação trazida aos gentios. Do mesmo modo, o sermão inaugural de Paulo em Antioquia da Pisídia, também em uma sinagoga, a princípio provoca entusiasmo (At 13,42ss), mas no sábado seguinte os judeus se opõem a ele e desencadeiam uma perseguição (At 13,45.50). Nos dois casos, a rejeição é moldada na figura deuteronômica do profeta rejeitado que se esforça para salvar Israel de si mesmo. É essa também a cena final em At 28,26ss, em que Paulo, em Roma, cita Is 6,9-10 para os judeus que estão divididos entre si ("O coração desse povo se endureceu"), mas ao mesmo tempo proclama uma esperança. Dois conflitos nos quais a missão para os gentios desempenha papel decisivo foram sobrepostos: primeiramente, oposição a Jesus; em seguida, oposição a Paulo e seus companheiros.

Entretanto, pôr esses dois momentos históricos em paralelo é uma consequência literária deliberada, como diversas indicações mostram. Em primeiro lugar, os fariseus são representados como adversários desde o início (Lc 6,2ss), mas não estão na Paixão (Lc 22-23); depois, eles defendem os apóstolos (At 5,33ss; 22,3; 23,1-10) e no fim Paulo diz ser um deles (At 23,6). O problema da oposição judaica (Tiago, fariseus) ao abandono da Lei pelos convertidos judeus é inteiramente menosprezado. O efeito resultante é duplo: por um lado, Paulo e Tiago são representados unidos, enquanto "os judeus" são divididos; por outro lado, os cristãos são finalmente os verdadeiros fariseus, isto é, o verdadeiro Israel.

3. Rumo ao cânon

A dupla obra de Lucas é notável por sugerir uma síntese das posições de Pedro, Paulo e Tiago. O crédito dado ali à tendência judaica (Tiago, Pedro) sugere que o principal material para o Evangelho de Lucas e a primeira metade dos Atos originou-se nessa tendência. Entretanto, essas tradições foram integradas em uma perspectiva universalista que é propriamente paulina. O modelo constante de interpretação é a sequência de morte/ressurreição em cumprimento das Escrituras.

A ligação de Pedro, Paulo e Tiago é apresentada dramaticamente na cena central de At 15, a assembleia de Jerusalém. Nesse capítulo, percebemos parte da dificuldade de reconciliar historicamente a cena dos Atos com os relatos paulinos em Gl 2. Contudo, é digno de nota que o próprio Paulo se lembra de um acordo quanto à missão entre ele e as "colunas" de Jerusalém: Tiago, Cefas e João (ver Gl 2,9). Assim, a síntese lucana não é inteiramente sem fundamentos históricos.

Os nomes que acabamos de mencionar – Paulo, Tiago, Cefas e João – representam a magnitude dos escritos encontrados no NT canônico, tomando Cefas/Pedro para representar os evangelhos sinóticos e também as duas epístolas que trazem seu nome. Suas vozes não são unânimes, no sentido de todos dizerem exatamente a mesma coisa da mesma maneira. Por outro lado, o efeito de colocá-los em um cânon, no sentido de uma lista definida, é solucionar discórdias em harmonia ou, talvez mais adequadamente, interpretá-las de acordo com um cânon, no sentido de uma regra. Essa regra é o acordo de Pedro e Paulo. Em outras palavras, a vida de Jesus e as estruturas herdadas do ambiente original devem ser interpretadas à luz da proclamação de que sua morte e ressurreição operam a salvação aqui e agora. Simbolicamente, o cânon está formulado nas palavras de Tertuliano, que afirma que Pedro e Paulo "derramaram toda a sua doutrina com seu sangue" (*Prescrição* 36). Mais uma vez, "o sangue dos mártires é a semente dos cristãos". Na mesma declaração, Tertuliano refere-se à Igreja de Roma: é, na verdade, em Roma que devemos procurar o cânon (nos dois sentidos da palavra) e a síntese lucana.

A formação do Novo Testamento supõe obviamente a circulação de textos. Quais eram os canais de comunicação entre as diferentes comunidades? As principais cidades do império eram Roma, Alexandria e Antioquia, com excelentes comunicações entre elas. Os caminhos trilhados por Pedro e Paulo, na redação dos Atos, levaram a Roma, com uma importante parada em Antioquia, onde o nome de cristãos foi dado aos discípulos e onde ocorreu a crise que se originou da missão para os gentios, reinterpretada como tendo sido a causa da assembleia de Jerusalém. Em contraste, Alexandria é deliberadamente ignorada, como se não tivesse sido possível incluir essa cidade na perspectiva harmoniosa dos Atos.

Contra o pano de fundo das comunicações no mundo romano, destaca-se o que podemos chamar de segundo eixo, do qual uma extremidade está na Judeia e na Galileia, e a outra está na Ásia Menor, com extensão à Acaia (Corinto). Esse eixo é demonstrado pelo quarto evangelho. Por um lado, João mostra uma familiaridade especial com as realidades da Palestina, os samaritanos, João Batista etc. e dá uma cronologia de Jesus que é mais realista que as dos sinóticos. Por outro lado, a tradição relatada por Irineu (*Contra as heresias* 3,1,1) coloca a origem desse evangelho em Éfeso, a cidade mais respeitável da Ásia, a região também indicada para a tradição joanina pelo livro do Apocalipse. Entretanto, o apêndice de João (Jo 21), de estilo joanino e centralizado em Pedro, enfatiza uma inegável ligação com Roma.

4. *Observações finais*

No cristianismo neotestamentário, o acordo de Pedro e Paulo não é exclusivo. Notavelmente, ele não exclui Tiago, mas o inclui, ao lado de

Judas, que se relaciona estreitamente com ele (e também com a Segunda Epístola de Pedro). O cânon também inclui João, que representa outras correntes. A importância de fundamentar o cristianismo neotestamentário no acordo de Pedro e Paulo, mas sem excluir Tiago, é vista mais claramente quando posta em contraste com o cânon pressuposto pela literatura pseudoclementina, isto é, o acordo de Pedro e Tiago, e excluindo Paulo, considerado traidor.

Quando os discípulos de Jesus voltaram-se para os gentios, isso foi, de todos os pontos de vista, um acontecimento importante. Esse fato não poderia ser previsto no início e acarretou uma longa série de dificuldades, pois a comunidade primitiva era por natureza praticante e considerava-se o centro da tradição de Israel. Com razoável rapidez, um hiato ampliou-se entre Paulo e Tiago, enquanto Pedro manteve uma posição pragmática entre os dois. A posição de Pedro, lutando para promover uma síntese quase impossível, destaca-se mais claramente.

Nesse contexto, devemos mencionar também outra figura bem diferente, venerada pela tradição na pessoa de Maria. Em At 1,14, Maria, a mãe de Jesus, é colocada no ponto de ligação entre os "herdeiros" que se veem divididos em dois lados que a história mais tardia mostra terem sido rivais (e ver Mt 12,46-50 par.): de um lado, "seus irmãos", e do outro, "os discípulos"; todos, entretanto, "perseveravam na oração em comum, junto com algumas mulheres". João sugere uma síntese similar quando conta como Jesus moribundo confiou sua mãe ao discípulo que ele amava (Jo 19,25-27).

Precisamos agora voltar à consideração da Aliança e seus símbolos principais, a fim de alcançar maior clareza a respeito do que era tradicional e do que era novo no cristianismo.

Capítulo 6
A ALIANÇA

A palavra *christiani* é de origem romana. Vimos como ela foi transplantada para alguns dos discípulos de Jesus, a partir da época dos distúrbios ocorridos por causa da estátua de Calígula. Entretanto, nossa busca das origens do cristianismo ainda não se encerrou, pois temos de descobrir por que esse transplante "pegou" e, assim, seguindo nosso método, descobrir uma ligação com ritos e costumes.

O ambiente judeo-cristão original, representado por Tiago, permaneceu o tronco no qual foram feitos os diversos enxertos. A síntese resultante está descrita na cena de Pentecostes, em At 2, que apresenta um cristianismo semelhante ao paulino, sob a liderança de Pedro, menos de dois meses depois da morte de Jesus, o que é de uma rapidez extrema. Na realidade, os vários episódios relatados nos Atos são inseridos em um todo ligado e coerente, por ser colocado sob o sinal do Espírito. Por outro lado, o processo todo começou no cenário de um Pentecostes que se tornou a festa do Espírito, isto é, de Jesus ressuscitado, agora vivo e atuante no mundo.

Para Pentecostes ter atraído uma síntese tão vasta, a festa precisava já ter bastante solidez, em termos de ritos característicos, com sentidos claros. Em nosso estudo da Última Ceia, vimos que os elementos do pão e do vinho são uma referência a Pentecostes como festa das primícias e da Aliança (cap. 2, §II,3). Nos evangelhos sinóticos, Jesus prevê a própria morte, que representa o fracasso de um messianismo político. Ao mesmo tempo, ele suspende a celebração da Páscoa até um momento ainda indefinido, quando o Reino finalmente virá. Em outras palavras, a Páscoa foi eliminada do ritmo litúrgico, enquanto Pentecostes foi promovido a festa da Igreja entre duas Páscoas, a passada e a futura, e a morte de Jesus é reinterpretada como o sacrifício adequado para renovar a Páscoa.

I. A Páscoa judaica

Seja como for, a Páscoa judaica deixou uma forte impressão no NT e serve de ponto de referência para a celebração especificamente cristã da Páscoa.

1. O cordeiro pascal

Um vestígio da Páscoa judaica com o qual os cristãos estão muito familiarizados, por causa dos evangelhos e da liturgia, é o uso da expressão "Cordeiro de Deus" para Jesus. Qual é o propósito exato do título? Justino de Roma nos descreve a aparência do cordeiro pascal: "Com efeito, assa-se o cordeiro colocado em forma de cruz, pois uma ponta do espeto o atravessa dos pés à cabeça, e a outra atravessa-lhe as costas e nela se apoiam as partes dianteiras do cordeiro" (*Diálogo com Trifão* 40,3; ver Melito de Sardes, fr. 9). Essa descrição, que não é tirada da Bíblia, mostra bem a influência do simbolismo cristão, mas deve ter estado bastante próxima do verdadeiro costume judaico, para fazer sentido para o judeu Trifão, com quem Justino debate.

O costume judaico citado por Justino é atestado por fontes rabínicas, cuja interpretação requer algumas especificações técnicas. Primeiro, de acordo com Ex 12,9, o cordeiro não deve ser "cru" nem "cozido em água, mas assado ao fogo". Além disso, de acordo com a Mixná (*MPes* 7,1), o cordeiro deve ser assado em um espeto de madeira seca. A madeira úmida produz vapor, com um efeito similar ao da fervura, enquanto o espeto de metal torna-se muito quente no fogo e, assim, desempenharia um papel no cozimento da carne. Os intestinos apresentam outro problema: contidos dentro do corpo, seriam cozidos como em uma panela, e não assados diretamente sobre o fogo. Por essa razão, o rabino Aqiba exige que sejam amarrados a outro galho preso aos cascos, para que fiquem fora da carcaça. Em outras palavras, tem de haver um segundo espeto, que forma uma cruz com o primeiro.

A explicação culinária específica coincide com a descrição abrangente de Justino. Jesus é identificado muito simplesmente com o cordeiro pascal, o que atribui eloquente simbolismo à cruz e enfatiza a madeira. Aliás, isso também explica por que a cruz cristã tem quatro lados, enquanto o cadafalso, normalmente em forma de T, tem só três. Qualquer que seja o formato exato do instrumento de execução, o simbolismo do cordeiro na cruz é simples e significativo.

Essa apreensão cristã – do ponto de vista judaico – do cordeiro pascal ajuda a explicar seu desaparecimento do *seder* da Páscoa judaica, que é celebrada da mesma maneira, sem o cordeiro, em toda parte, até em Jerusalém. Em contraste, os samaritanos ainda continuam a celebrar o rito bíblico com o cordeiro (ver Ex 12), no monte sagrado Garizim, embora não haja ali nenhum templo desde o fim do século II a.C. De fato, Gamaliel II, bem depois da destruição do Templo de Jerusalém, ainda assava o cordeiro pascal, mas em uma grelha (*MPes* 7,2) e, desse modo, evitava o simbolismo da cruz. O rito atual, sem o cordeiro, foi estabelecido em seus fundamentos antes de 200 d.C. e, assim, precisamente no período em que o judaísmo rabínico separava-se do cristianismo. É, portanto, de interesse observar que o *seder* rabínico também não tem nenhum elemento propriamente messiânico, embora a tradição judaica dê um testemunho eloquente da dimensão messiânica da festa.

2. A Páscoa judaica e a Páscoa cristã

No século II, a Páscoa judaica em 14 de Nisã era de fato praticada por certos cristãos da Ásia Menor. Eles são conhecidos como observância "quartodecimana", da palavra latina para "quatorze". Podemos bem supor que os "nazoreus" da Judeia praticavam a Páscoa de modo semelhante.

Reconstruímos o rito da quartodecimana da maneira a seguir. Ocorria durante a noite de 14 para 15 de Nisã, até três horas da manhã. Durante a celebração judaica da Páscoa, os observantes das quartodecimanas jejuavam em nome dos irmãos judeus que não acreditavam em Jesus; só depois, por volta da meia-noite, começava a alegre festa. Ao mesmo tempo, ao que tudo indica, o ritual era o mesmo; incluía comentários sobre a narrativa pascal da libertação do Egito (Ex 12) e insistia que o cordeiro indica Cristo, como encontramos no *Sermon Paschal* de Melito de Sardes. De conformidade com a expectativa judaica de que o Messias viria na noite de Páscoa, eles esperavam a Parusia no meio da noite, como no Êxodo. O momento principal da festa era então o *agape* e a Eucaristia, que quebrava o jejum.

O jejum pascal é questão de suma importância e, em 191, foi motivo de memorável controvérsia (ver Eusébio, *Hist. Ecl.* 5,23-24). Com efeito, em todas as outras Igrejas, continuava até o "dia da ressurreição", o domingo. Os bispos do grupo observante das quartodecimanas, liderados por Policrato, bispo de Éfeso, defenderam sua tradição como apostólica, com a autoridade de João e Filipe, e também com a de Policarpo de Esmirna. O porta-voz do grupo oposto, o da maioria, era Vítor, bispo de Roma, que não tinha argumentos a apresentar, exceto o da autoridade; parece que, se Irineu não interviesse para acalmar os ânimos, ele excomungaria os outros.

Conhecemos a origem do costume das quartodecimanas. O que precisa ser explicado é a origem do outro costume de quebrar o jejum pascal no domingo. As homilias pascais da época mostram que os observantes das quartodecimanas e os do domingo tinham a mesma ideia da Páscoa cristã como a festa da salvação do gênero humano. Assim, a diferença não era, ou pelo menos já não era, teológica. De fato, pelos comentários de Irineu parece que a observância do domingo de Páscoa em Roma era recente, não antes do papa Sotero (167-174). Além disso, é bem sabido que Justino, que faz uma descrição bastante detalhada da vida em Roma no seu tempo (por volta de 150), jamais faz qualquer tipo de referência à Páscoa quando fala da Eucaristia e do Dia do Senhor (*I Apologia* 65-67). Essa prova combina perfeitamente com o fato de, nos evangelhos sinóticos, Jesus não dar nenhuma ordem para repetir o rito pascal durante a Última Ceia e até anunciar o contrário, de com ele haver a interrupção da Páscoa judaica. Parece, então, que o costume de observar a Páscoa no domingo, defendido por Vítor, era uma novidade, enquanto o Dia do Senhor semanal era observado universalmente e está bem atestado no NT. De sua parte, Epifânio, que vinha da Palestina e conhecia bem o país, julgava que as controvérsias da Igreja quanto à data da Páscoa só começaram em 135, depois do desaparecimento dos bispos judeo-cristãos de Jerusalém (*Panarion* 70,9ss), isto é, depois do desaparecimento do grupo que mantinha viva a referência à data judaica da Páscoa.

Depois que uma hierarquia grega sem costume de celebrar a Páscoa instalou-se em Cesareia, é pelo menos possível que os nazoreus da Judeia que juntaram forças com esse grupo depois de 135 exercessem pressão para manter a tradição de observância pascal, que foi então colocada no domingo seguinte à Páscoa judaica, de modo a não dar margem a nenhuma suspeita de judaização. Entretanto, se essa novidade conseguiu estabelecer-se, viajar até Roma e manter-se fora do contexto original, ela deve ter tido um sentido natural *e tradicional*. O fato de, pelo menos depois de

100, a celebração pascal das quartodecimanas ter a mesma estrutura que a vigília semanal de sábado para domingo (ver antes, cap. 1, §II,2) facilitou essa transferência.

II. Pentecostes e a aliança

Apesar de estar classificada com as duas outras festas de peregrinação, Pentecostes não parece ter tanta solidez quanto a Páscoa e a festa das Tendas. Em sua visão do Templo futuro, Ezequiel (Ez 45,17-20) prevê um ritual completo no qual, entretanto, Pentecostes não está presente. Evidentemente, para ele essa não era uma festa de dimensão escatológica. Segundo os dados bíblicos, ela é dependente da Páscoa judaica, como seu nome (hebraico: "Semanas"; grego: "Cinquenta [dias]") subentende; dura somente um dia e não é motivo de leis dietéticas especiais. Finalmente, a dádiva da Lei no Sinai não está estreitamente ligada a Pentecostes. Segundo Ex 19,1, os israelitas chegaram ao deserto do Sinai no terceiro mês depois da saída do Egito. Qualquer que seja o cálculo usado em relação à Páscoa, Pentecostes cai realmente nesse mês (Sivã), mas isso não significa necessariamente que a festa coincida com a subida de Moisés à montanha. Em outras palavras, a enorme importância de Pentecostes nos textos essênios e em At 2 é um desdobramento inesperado.

Como vimos (cap. 2, §II,1), o livro dos *Jubileus* parece ter sido conhecido em Qumran. Para esse livro, Pentecostes, que cai sempre no domingo, dia 15 do terceiro mês, é a maior festa do ano. Não é mencionada nenhuma ligação especial com a Páscoa judaica. Apesar de seu interesse em questões que dizem respeito ao calendário, *Jubileus* não menciona nenhum cálculo de seis semanas. Segundo esse livro, Noé já tinha celebrado com os filhos a festa da Aliança. Depois ela ficou esquecida, mas foi parcialmente restaurada com os patriarcas: a aliança feita com Abraão entre os animais divididos, o nascimento de Isaac e a aliança com Jacó aconteceram nesse dia. Mais tarde, foi novamente esquecida pelos israelitas, mas o anjo revelou-a mais uma vez a Moisés e ordenou-lhe que celebrasse Pentecostes de maneira a fazer com que a Aliança fosse renovada todos os anos (*Jub* 6,10). O sacrifício da aliança oferecido por Moisés no Sinai (Ex 24,1-11) aconteceu no dia 15 do terceiro mês.

Em *Jub* 6,21, essa festa tem dois nomes e parece que também tem dupla natureza: Festa das Primícias e Festa dos Juramentos, ou renovação da Aliança. Os dois aspectos são mutuamente complementares. O arquétipo da libertação do dilúvio: um mundo novo começa depois do caos e do desaparecimento do mundo velho; os pecadores foram afogados; Noé e os filhos representam a nova humanidade salva das águas. O modelo aplica-se aos israelitas (5,17ss): "Se eles se converterem a Deus na justiça, ele lhes perdoará todas as transgressões e lhes perdoará todos os pecados. Está escrito e decretado que ele mostrará misericórdia a todos os que se converterem de todas as faltas uma vez todos os anos".

O ritual da festa não é estabelecido em detalhes, mas inclui juramentos e há um comentário (1,22ss) em termos que recordam Ez 36,25-27: "Eles não se submeterão enquanto não confessarem as próprias faltas. Depois disso, voltar-se-ão para mim em toda retidão, de todo coração e de toda alma (...). Porei neles um Espírito santo e os purificarei (...) e eles serão chamados filhos do Deus vivo". A menção do Espírito santo (em vez do espírito novo de Ezequiel) é característica: é o sinal de participação na comunidade e na Aliança, pelo abandono do pecado e pela observância em conformidade com os preceitos.

No *Documento de Damasco,* encontrado na famosa Geniza do Cairo e mais recentemente em Qumran, aparece três vezes a expressão "nova aliança", que ocorre em Jr 31,31 com sentido puramente escatológico. Em especial, os membros da comunidade "entraram na aliança nova na terra de Damasco" (CD 6,19; 8,21). Os pecadores são os que "desprezaram a Aliança e o pacto que fizeram na terra de Damasco". Estritamente falando, são excomungados. A Aliança é estabelecida por Deus "com os que restaram dentre eles" (3,13). Entretanto, enquanto Jr 31,31 faz um contraste entre uma velha aliança e uma nova aliança, aqui não há menção de "velha aliança". Não devemos nos esquecer de que a Aliança feita com Moisés é apenas uma renovação da feita com Noé e seus filhos e depois esquecida. A "nova Aliança" no *Documento de Damasco* e em Qumran é, assim, uma volta à Lei de Moisés entendida e observada apropriadamente, uma nova focalização no acontecimento do Sinai, mas entendida como renovação da Aliança esquecida, já que nunca há qualquer dúvida quanto a uma "aliança com Moisés".

Segundo essa perspectiva, a Aliança não é mera abstração jurídica, nem mesmo a definição de uma nação. Esse termo também designa a própria comunidade, visto que ela é fiel, pois por meio dela a Aliança existe concretamente. Esse modo de entender a Aliança não é novo; já em 1Mc

1,15, renegar "a aliança sagrada" equivalia a abandonar a solidariedade da comunidade. O mesmo sentido é visto em Dn 11,22ss, em que o "líder da Aliança" é derrotado e, depois, o rei gentio (Antíoco Epífanes) luta contra "a Aliança Sagrada". Na *Regra da comunidade* de Qumran, entrar na Aliança não é nem mais nem menos do que entrar na comunidade, como o rito de admissão deixa claro (1QS 2,12.18). Reciprocamente, entrar na comunidade é converter-se à Lei de Moisés (5,7ss). Em consequência, os judeus que estão fora da comunidade, ou os membros que foram excluídos, estão fora da Aliança e são, portanto, tão impuros quanto os gentios.

É fácil perceber que essas questões estão próximas de todo um conjunto de temas cristãos presentes no NT todo, que se voltam para a reivindicação, apropriadamente considerada sectária, de ser o verdadeiro Israel. O prólogo da *Regra da comunidade*, que define o projeto da comunidade, diz explicitamente que é uma questão de fixar normas para todo o Israel "no fim" (1QS 1,1-5). Muitos comentaristas já fizeram comparações com o NT.

Antes de explorar dois aspectos específicos na próxima seção, vamos simplesmente enfatizar dois pontos já examinados de outro ângulo. A tipologia de Noé para expressar a renovação da Aliança leva diretamente a um sentido muito simples dado por Paulo à água do batismo: a entrada no Reino começa com um sinal de passagem pela morte; mas agora os pecadores não são afogados, mas sim libertados do pecado que se transfere para Jesus Cristo. Além disso, já que tem o monopólio da interpretação inspirada na Lei de Moisés, a comunidade da Aliança só pode rejeitar ou, na melhor das hipóteses, ignorar outras comunidades com reivindicações paralelas, a menos que alguma pressão específica force o confronto. Isso dá um contexto para as fulminações recíprocas (e relativamente tardias) encontradas nos evangelhos e nas fontes rabínicas, que associamos à reorganização de Iavne, mas que não aparecem no cristianismo propriamente paulino.

III. Admissão e exclusão

Pentecostes, quando a Aliança é renovada, é também o dia de receber novos membros, cuja admissão na comunidade é, por meio disso, entrada na Aliança. É esse o cenário geral do Pentecostes de At 2 e é também um fundamento dos costumes essênios (1QS 5,8; Jub 6,17ss). Essa semelhança tem pouca possibilidade de causar surpresa, pois lidamos com círculos que eram originalmente iguais. O procedimento para admitir candidatos esclarece a natureza e a estrutura da comunidade, mas é bastante complexo, e as informações que possuímos são esparsas. Por essa razão, seguiremos a descrição dos essênios dada por Josefo (*G.J.* 2 §§119-160). Essa descrição está cheia de detalhes e ajusta-se razoavelmente bem aos documentos do deserto da Judeia, mas, acima de tudo, é a única síntese escrita para leitores de fora, judeus ou não, enquanto os textos de Qumran e outros similares são literatura interna e não sabemos que autoridade possuíam.

1. Iniciação no nome da Trindade

Josefo subentende que o processo de iniciação durava três anos (*G.J.* 2 §§137ss). Durante o primeiro ano, no qual permanecia fora da comunidade, o candidato recebia uma machadinha, um "cinto" de linho e uma veste branca, e levava o mesmo tipo de vida que os essênios. A machadinha era usada para cavar valas sanitárias (2 §148). O cinto de linho, muito mais que uma simples tanga, era "usado" para as abluções, depois para as refeições, e era considerado sagrado (2 §129); era, na realidade, uma vestimenta sacerdotal, o *abnet* de Ex 28,39, análogo ao véu que ocultava o lugar Santíssimo (Ex 26,31). A veste branca era o traje normal dos essênios e é provável que simbolizasse a pureza. Assim, o ritual sagrado da refeição que os sacerdotes preparavam (ver a seguir) tinha dimensão sacerdotal e cultual.

Com todos esses elementos, os candidatos eram treinados no modo de vida essênio, inclusive purificações, embora permanecessem fora da comunidade; em outras palavras, tomavam as refeições separados, presumivelmente com os colegas noviços. Se, no tempo determinado, dessem prova de autodomínio, tinham permissão para se aproximar mais da vida essênia e partilhavam das "águas mais puras" da purificação. Ainda não eram admitidos nos exercícios comuns, em especial nas refeições, que eram tomadas em um lugar considerado santuário, onde nenhuma pessoa profana podia entrar. Assim, havia uma gradação nas purificações.

Essa segunda fase durava dois anos e, se os candidatos tivessem dado prova de caráter, eram admitidos à comunidade, mas, antes de tomar parte nas refeições, tinham de fazer "juramentos temíveis". Antes de examiná-los, lembramos que essas fases são muito parecidas com as da *Regra da comunidade* de Qumran (1QS 6,13-23), embora esta última não mencione vestes e tenha um modo um tanto diferente de apresentar o acesso à "pureza", isto é, à refeição comunitária. Lembramos também que as etapas de admissão às irmandades dos *haberim* incluíam o recebimento de certos trajes (cap. 5, §V,1).

Basicamente, há um elemento central comum a todos esses grupos, que é a refeição comunitária. Os grupos de neófitos levam a mesma vida que a comunidade propriamente dita, mas são separados segundo diversas etapas de acesso à refeição, que é, portanto, o elemento que define a comunidade e lhe dá sua identidade. É significativo que foi precisamente essa a censura feita a Pedro depois de sua visita a Cornélio ("comeste com eles!" – At 11,3) e que os decretos de Tiago, segundo seu sentido original, tinham, entre outras consequências, a de evitar contatos indesejáveis e, implicitamente, o ato de compartilhar refeições (cf. cap. 5, §I,1).

Segundo Josefo, os juramentos são onze e "é por juramentos como esses que os essênios impõem obrigações aos novos membros" (2 §142), o que significa que a lista não é fixa ou, mais provavelmente, que ele faz uma seleção. Em primeiro lugar está o compromisso de "venerar a divindade, e observar a justiça para os homens". É precisamente essa a meta da pregação de João Batista, segundo Josefo (*Ant.* 18 §116), e não está muito longe dos mandamentos duplos recordados por Jesus em Mc 12,29 par.: amar a Deus (Dt 6,5) e amar ao próximo como a si mesmo (Lv 19,18). Esse compromisso global abrange obviamente tudo, mas precisa se tornar mais específico para outros juramentos.

Certas regras do grupo não fazem parte da lista de juramentos, mas classificam-se com eles, ou por causa de sua importância, ou por causa do castigo vinculado. Assim, Josefo declara que eles "têm a maior reverência, depois de Deus, pelo nome do legislador; quem blasfemar será punido com a morte" (2 §145). Como norma comum, Josefo também menciona a proibição geral de pronunciar o nome de Deus, blasfêmia punível com apedrejamento. A blasfêmia é realmente um desvio do juramento ou da bênção; é para ser esperada somente no caso de Deus, mas um pouco menos no de Moisés, pois o que poderia ser um juramento feito por Moisés? De modo semelhante, CD 15,1-5 proíbe jurar por Deus, mesmo de uma forma indireta e pela Lei de Moisés. Interpretado, isso significa que os únicos juramentos legais são os "juramentos temíveis" dos novos membros, que são pronunciados em nome de Deus e *em nome de Moisés*. Se a isso acrescentarmos que a entrada na Aliança não é nada mais do que a recepção do Espírito Santo, que preside ao cumprimento da Lei de Moisés, vemos imediatamente que a entrada na comunidade, marcada por uma purificação final, coloca-se sob um sinal tríplice muito simples: Deus, Moisés e o Espírito. Não estamos longe de Mt 28,19, em que o Senhor ressuscitado ordena aos Onze que batizem "em nome do Pai, do Filho e do Espírito Santo"; tudo o que aconteceu foi a substituição de Moisés por Jesus. A novidade maior é transmitida na primeira metade do mesmo versículo: "Ide, pois, fazer discípulos entre *todas as nações*".

2. Confraternização à mesa e castigos

Os juramentos são temíveis porque acarretam responsabilidade, existindo castigos ligados a eles. Josefo diz apenas que os que são apanhados ou declarados culpados de faltas graves são expulsos da comunidade, mas permanecem ligados pelos juramentos e, por isso, não podendo tocar alimentos profanos, morrem de fome (*G.J.* 2 §143). A expulsão é, portanto, principalmente o afastamento da refeição comunitária. A concisão de Josefo é um tanto decepcionante, mas tem o mérito de concentrar a atenção no que é essencial. Considerados como um todo, os preceitos e juramentos convergem para a comida e, em especial, a refeição comunitária, que tem estrutura sagrada: segundo *Ant.* 18 §22, os *sacerdotes* preparam o pão e outros alimentos. Embora não haja menção à carne, essas refeições parecem sacrifícios de comunhão, consumidos no santuário, o que completa o que foi dito antes a respeito da santidade da roupa e do lugar: a própria comunidade é o santuário.

Os documentos de Qumran dão muitos detalhes, mas não se afastam deste padrão: os castigos impostos definem-se em termos de um maior ou menor grau de afastamento da "pureza", a refeição comunitária. CD 9,16-23 distingue dois campos: pecados graves contra Deus ou o próximo e crimes que envolvem dinheiro. Para uma falta grave ser julgada e punida, tem de haver três testemunhas, o que talvez corresponda a três ocasiões sucessivas. Quando ocorre uma violação da lei, a testemunha precisa fazer uma denúncia ao inspetor, na presença do acusado. Depois de dois testemunhos terem sido registrados independentemente, quer se relacionem à mesma má ação, quer a duas ocasiões sucessivas da mesma natureza, o acusado é excluído da "pureza" como medida preventiva, pois sua culpa ainda não foi legalmente estabelecida. Em acusações concernentes à propriedade, bastam dois testemunhos para provar a acusação, mas, mesmo depois de apenas uma, o acusado é afastado da "pureza" como medida preventiva similar. Na verdade, Dt 19,15 requer que a sentença se apoie "na palavra de duas ou três testemunhas", o que deixa espaço para interpretação.

O procedimento penal está um pouco mais bem definido em CD 9,2-8, que introduz um elemento essencial – a repreensão. Ninguém pode acusar alguém sem provar que já o advertiu pessoalmente; caso contrário, o acusador é culpado de vingar-se ou até de ser cúmplice. O resultado é que a primeira ofensa geralmente não acarreta consequências, exceto a repreensão ou advertência particular. Assim, em 2Cor 13,1, Paulo cita Dt 19,15 para indicar que está agora na terceira advertência, isto é, esta é a terceira vez que as mesmas faltas ocorreram; na próxima visita, ele terá o direito de castigar qualquer outra apostasia. Ele não fala de julgamento ou sentença criminal, mas de excomunhão. Ali também, o número de testemunhas é entendido como o "número de testemunhos".

O mesmo é verdade em Mt 18,16, em que duas ou três advertências têm de ser feitas antes do julgamento da comunidade e, finalmente, a exclusão. Ser considerado publicano gentio (ou judeu) representa a máxima impureza, na qual gentios e judeus que não fazem parte da comunidade são englobados indiscriminadamente. A impureza adquirida desse modo, que tem consequências jurídicas definidas, simboliza a realidade do pecado. É um eco invertido da pedagogia de entrada na comunidade, na qual as diversas purificações são os sinais exteriores de um distanciamento interior do pecado, mas sem efeito mágico, como Josefo enfatiza a respeito de João Batista (*Ant.* 18 §117).

Aqui, há analogias claras com a prática cristã de excomunhão, quer permanente, quer temporária, sendo esta última a base do sistema penitencial da Igreja.

IV. Por que *Christiani*?

Jesus e os discípulos foram desde o início chamados "nazoreus", termo mantido em siríaco e hebraico. Porém, como vimos, o termo latino *christiani*, dado pelos romanos a agitadores messiânicos, foi atribuído aos discípulos em Antioquia, em uma época de distúrbios. O nome firmou-se em grego e em latim. Que isso acontecesse é ainda mais notável, visto que, estritamente falando, o cristianismo paulino não é messianismo: "Cristo" tornou-se nome próprio, e a narrativa de Pentecostes em At 2 tem o cuidado de evitar a pergunta (messiânica) final dos discípulos, que aguardam o restabelecimento do Reino para Israel (At 1,6). Podemos bem nos admirar por que o cristianismo neotestamentário, em especial com os novos horizontes abertos por Paulo, ainda sentia a necessidade de conservar uma ligação polêmica com o judaísmo, declarando-se a "nova Aliança" e transformando o messianismo, em vez de cortar todos esses laços e lançar-se em águas inteiramente novas.

Se os nomes de Cristo (Ungido) e cristão foram preservados, embora desviados do sentido primitivo, só pode ser porque originalmente eles tinham alcance apreciável, presumivelmente ligado à unção. Além disso, em uma cultura tão sensível a sinais como o judaísmo, precisamos começar a procurar não arranjos inteligentes com versículos, nem sutis alusões bíblicas a um rei-Messias ou a um sacerdote-Messias, mas pontos de referência concretos, isto é, seguir o método que usamos até agora, ritos em vez de acontecimentos ou doutrinas.

Falando francamente: as informações disponíveis são vagas demais para levar a certas conclusões. Teremos de nos contentar com suposições baseadas em indicações convergentes e distinguir duas partes: primeiro, tratar das unções propriamente ditas; em seguida, fazer algumas observações sobre o sinal da cruz.

1. Cristãos, unções

O NT nunca fala de unção ritual, exceto dos doentes (Mc 6,13; Tg 5,14). A imposição das mãos é mencionada com frequência, mas em circunstâncias tão diversas que é difícil tirar deduções específicas, exceto o fato bastante banal de não ser um gesto oficial. O fato principal que nos obriga a estudar o NT mais rigorosamente é o testemunho mais tardio da tradição canônico-litúrgica cristã. A *Tradição apostólica* atribuída a Hipólito Romano no início do século III, mas que demonstra todos os sinais de estrito conservadorismo, descreve a admissão de um neófito. Após ser batizado (não é indicado nenhum ministro definido), o candidato recebe de um presbítero a unção com óleo e, depois, é confirmado pelo bispo, que lhe derrama óleo na cabeça, impõe a mão sobre a cabeça e faz um sinal na testa. Tendo então recebido o Espírito, o novo membro passa a fazer parte do povo e tem permissão para receber o ósculo da paz, que é o primeiro gesto da Eucaristia propriamente dita (*Tradição apostólica* 22,3).

Naturalmente, o simples fato de tomar nota de um ritual nesses mínimos detalhes significa que havia controvérsias ou, pelo menos, tradições divergentes. A tradição siríaca atesta outra sequência: unção com óleo pelo bispo, em seguida batismo e, finalmente, a imposição de um sinal externo (a cruz), que encerra o rito. Essa disposição é razoavelmente paralela com a narrativa do cego de nascença (Jo 9,6ss) e tem analogias com os relatos em At 9 e 10 dos batismos de Saulo e Cornélio. Entretanto, essas variantes não obscurecem a presença de dois blocos distintos: o batismo sem nenhum ministro especializado, que não é outra coisa senão a conclusão de um processo de catecumenato e um conjunto de ritos de admissão realizados pelo bispo ou sob sua responsabilidade, que consistiam em uma ou mais unções e na imposição de um sinal.

Esses gestos foram criados pela Igreja ou remontam à primeira geração? Em outras palavras, são de origem judaica? De modo geral, a série de rituais que Hipólito descreveu tem claros correlativos judaicos. A exceção notável é precisamente o conjunto de ritos de confirmação pelo bispo. As fontes judaicas antigas não fornecem nenhuma confirmação positiva clara. Entretanto, há uma interessante prova indireta. Dt 6,8 prescreve o uso de filactérios no braço e "entre os olhos", o que parece indicar a testa. Entretanto, a Mixná (*MMen* 4,8) declara que usar os filactérios na testa é "costume dos *minim*" e que eles devem ser usados no topo da cabeça. As razões dadas para essa decisão são um tanto artificiais: podemos bem supor que haja alguma coisa na testa dos *minim* que para eles atrai os filactérios e para a tradição rabínica os repele.

Os filactérios contêm "todas as palavras", isto é, os fundamentos da Torá. Sendo assim, a comparação com o rito de confirmação descrito antes sugere uma resposta possível: se alguém recebe a unção com óleo e o sinal da cruz na testa, pôr o filactério no mesmo lugar equivale a dizer que a Torá baseia-se em símbolos que são ou, pelo menos, tornaram-se tipicamente cristãos. Se a comparação tem razão de ser, isso significa que a unção e o sinal da cruz tinham origem judaica, pelo menos entre os essênios e os *haberim*.

Desse modo, precisamos avançar mais a investigação e procurar no NT pequenas indicações, mesmo que não esperemos encontrar menção clara dessas coisas por causa da preocupação em não publicar os ritos.

Em Lc 4,18, Jesus aplica a si mesmo o versículo de Is 61,1: "O Espírito do Senhor está sobre mim, pois ele me consagrou com a unção, para anunciar a Boa-Nova". Em At 10,37ss, Pedro conta como Jesus, depois do batismo pregado por João, foi ungido por Deus com o Espírito e com poder. Uma expressão semelhante já ocorre em At 4,26 (Jesus ungido por Deus), com uma citação do Sl 2,1-2, em que os reis da terra se insurgem contra Iahweh e contra seu ungido. A referência é régia, não sacerdotal, e permite a comparação com o letreiro de Pilatos, no qual Jesus é descrito como rei dos judeus (Jo 19,19). Entretanto, a declaração de Jesus, que cita Isaías, tem antes uma referência profética. Entretanto, todas essas expressões, que certamente indicam autoridade e missão, não correspondem a nenhum gesto claramente identificável.

No NT, há algumas imagens curiosas associadas ao Espírito. Segundo Mc 1,8 e Jo 1,33, João Batista proclama que aquele que virá batizará com o Espírito Santo (Mt 3,11 e Lc 3,16 acrescentam "fogo"). Mesmo que "batizar" signifique simplesmente mergulhar, sem nenhuma especificação técnica, essa expressão faz uma estranha combinação da ideia de imersão (na água) e do Espírito. De qualquer modo, há outro jeito de expressar o dom do Espírito que é bíblico, mas igualmente estranho. É apresentado por Paulo em Tt 3,6: "Este Espírito, ele o derramou copiosamente sobre nós por Jesus Cristo". Do mesmo modo, Pedro, no discurso de Pentecostes (At 2,17) cita Jl 3,1 ("derramarei do meu Espírito sobre toda carne").

Essas duas formulações expressam dois modos bem distintos de representar o dom do Espírito, mas, em última análise, nenhuma delas evoca o sopro do Espírito (ver Jo 3,8; 20,22), nem a repentina descida do Espírito (At 19,6), ambos metáforas admiráveis evocadas pelo sentido literal das palavras hebraica e grega traduzidas por "espírito", isto é, "vento". Pelo contrário, no fundo as duas formulações sugerem um gesto concreto que não se aplica diretamente ao Espírito, mas a alguma coisa que simboliza o Espírito, quer "mergulhando", quer "derramando". No primeiro caso, a referência é ao batismo, ou pelo menos a certa etapa do processo batismal; o segundo lembra-nos Ez 36,25s: "Derramarei sobre vós água pura... porei em vós um espírito novo".

Em todo caso, "mergulhar" e "derramar" não são a mesma coisa que "ungir" (ver Ex 29,7). Em especial, resta a pergunta: em que sentido Jesus e seus seguidores podem ser descritos como "ungidos"? Vamos recordar aqui a passagem surpreendente conhecida como "unção em Betânia". Uma mulher derrama um perfume caríssimo na cabeça de Jesus e este declara aos discípulos irritados que ela preparou-lhe o corpo para o sepultamento e que, onde for proclamada a Boa-Nova, o que ela fez será mencionado em sua memória (Mt 26,13; Mc 14,9). Essa narrativa, que se situa um pouco antes da Última Ceia e forma com ela uma espécie de díptico, tem, assim, enorme importância. O que significa? Pelo embalsamamento, principalmente com um perfume forte, o cadáver não se decompõe nem cheira mal, com o sentido simbólico de escapar da morte. Com seu gesto, então, a mulher prevê a ressurreição ou, mais exatamente, Jesus o interpreta dessa maneira, exatamente como interpreta o pão e o vinho da Última Ceia. Mas se examinarmos o gesto em si, Jesus, que até então negara qualquer realeza, aceita, como se tomado por surpresa, uma coisa que se assemelha à unção régia.

Mas isso não é tudo. Em 2Cor 2,14-16, Paulo diz: "por meio de nós, [Deus] vai espalhando por toda a parte o perfume do seu conhecimento. De fato, nós somos o bom odor de Cristo, para Deus, entre os que são salvos e os que perecem. Para os que perecem, somos odor de morte; para os que se salvam, somos odor de vida, para a vida". Em geral, Paulo não é muito imaginoso e a metáfora usada aqui certamente não deixa de ter alguma base na realidade. Pressupõe o gesto de, com uma substância de cheiro agradável, "nos" ungir e ungir Jesus. Aqui encontramos outra dimensão do gesto da mulher em Betânia, que explica sua importância permanente: como Jesus, os discípulos presentes e futuros recebem uma unção perfumada que exprime sua morte e sua ressurreição.

Outras passagens também supõem uma unção recebida pelos discípulos. João declara a seus correspondentes: "Vós recebestes a unção do Santo" (1Jo 2,20). Paulo expõe uma ideia em 2Cor 1,21: "foi Deus quem nos ungiu. Foi ele que imprimiu em nós a sua marca". Nessa última declaração, na qual, como é seu costume, Paulo atribui a Deus a existência e a vida das comunidades, é difícil não supor que ele seja guiado por um gesto concreto.

No fim, entretanto, temos de admitir que todos esses textos não transmitem mais do que um rumor de unção, provavelmente com uma diversidade de costumes. Mesmo assim, um fato vem à tona: apesar da imprecisão das narrativas, há em algum lugar um sinal que simboliza o Espírito, que é inconfundível com a água do batismo. Em Jo 3,5, Nicodemos é convidado a um duplo renascimento, pela água e pelo Espírito. Em Gl 3,23ss, percebemos três fases: a justificação pela fé está ligada ao batismo; então é seguida do envio de Cristo (4,6) e, finalmente, pela cruz. Hb 5,13 faz uma distinção entre o leite dos principiantes e o alimento sólido dos "perfeitos", isto é, os que terminaram a iniciação, que receberam a imposição das mãos depois do batismo (6,2). Mesmo em At 19,3, em que Paulo parece dizer que o batismo em nome de Jesus dá o Espírito, a sequência mostra que o "batismo no nome de Jesus" é seguido pela imposição das mãos e, então, pela descida do Espírito.

Todas essas alusões são feitas de passagem, sem a preocupação de uma descrição, e a terminologia usada é imprecisa. Ainda assim, é provável que elas nos permitam afirmar que a tradição relatada por Hipólito tem raízes judaicas. Mas ainda não pisamos em terreno firme, nem a respeito dos ritos em si, nem a respeito da ligação com a Aliança e Pentecostes. A fim de tentar obter um pouco mais de precisão, precisamos agora examinar o "sinal" com que a testa do candidato é marcada, a saber, a cruz.

2. O sinal da cruz

Já encontramos diversas alusões à cruz como sinal. A mais notável é o formato do cordeiro pascal, assado em dois espetos na forma de uma cruz. O caso mais simbólico é a confirmação pelo bispo, que unge a testa com óleo e faz o sinal da cruz como selo. Entretanto, é difícil encontrar uma ligação intrínseca entre essas duas alusões. É possível tomar um caminho indireto e interpretar todo o batismo "no nome de Jesus" como a transferência de uma dívida, que era um uso habitual da expressão "no nome de XY". O resultado para o batizado é a anulação de sua dívida, o que é o conteúdo da proclamação inaugural de Jesus do ano do perdão (Lc 4,19). Em termos estritamente bancários, o certificado de dívida era anulado, traçando-se nele duas linhas em forma de cruz, aparentemente um gesto bastante natural. Desse modo, a marca de uma cruz na testa, traçada com o polegar, pode facilmente representar o perdão dos pecados, isto é, a redenção por meio da cruz do cordeiro imolado. A associação é ainda mais natural, se puder ser demonstrado que a cruz na testa *preexistia* antes de ter qualquer importância estritamente cristã. Se for acrescentada a unção com óleo (feita com o dedo), será possível identificar os dois elementos essenciais na expressão estranhamente combinada "um Messias crucificado", com referência a Jesus ou a seus seguidores ("se morrermos com ele"). Entretanto, isso não significa que tivessem esse sentido no começo.

Há, de fato, um modelo bíblico. Em Ez 9,1ss, um homem vestido de linho (um anjo) fica em pé no meio dos destruidores que vão castigar Jerusalém e Iahweh lhe diz: "Passa no meio da cidade, no meio de Jerusalém, e marca com um *tau* na testa os homens que gemem e suspiram por tantas abominações que nela se praticam". A palavra para "marca", traduzida como "sinal" pela LXX [Septuaginta], é a última letra do alfabeto hebraico, *thaw*. Essa marca na testa é muito semelhante à do sangue do cordeiro pascal posto nas ombreiras da porta (Ex 12,7) e talvez também posto como lembrança na fronte (Ex 13,9.16). A mesma passagem de Ezequiel, traduzida independentemente da LXX, está no pano de fundo de Ap 7,3ss, no qual o anjo que sobe do leste traz consigo o selo de Deus, mas não pode destruir nada enquanto os eleitos (os 144.000) não forem marcados na testa com esse selo; a mesma coisa é ordenada ao anjo com a quinta trombeta (Ap 9,4). Percebemos uma ideia análoga em Ef 4,30: "Não entristeçais o Espírito Santo de Deus, com o qual fostes marcados, como por um sinal, para o dia da redenção". O elemento constante nessas metáforas é um selo oficial (na testa). As metáforas baseiam-se em mais do que um simples empréstimo literário, pois o termo usado (selo) é mais forte que o de Ezequiel. No mesmo espírito, CD 9,10-12 declara, citando a profecia de Ezequiel, que quando o Ungido de Aarão e Israel (isto é, os dois Messias, Sacerdote e Rei) chegar, os que estão marcados na testa com o *thaw* serão salvos.

Tertuliano afirma que esse *thaw* era precisamente o sinal da cruz (*Contra Marcião* 3,22). Não era uma invenção pessoal. Na mesma época, Orígenes cita a opinião de um judeu, "um dos que creem em Cristo": o formato do *thaw* na antiga escrita hebraica assemelha-se à cruz e prefigura o futuro sinal na testa dos cristãos (*Selecta in Ezechielem*, PG 13,800d).

Essa informação dada pelo judeo-cristão sobre o formato do *thaw* é exata e pode até ser completada. No antigo alfabeto hebraico, que já não está em uso, duas letras têm mais ou menos o formato de uma cruz, isto é, de uma simples marca: a primeira, *aleph*, e a última, *thaw*, as duas passíveis de revezar-se entre os sinais + e X. Ora, em Ap 1,8, lemos: "*Eu sou o Alfa e o Ômega*, diz o Senhor Deus". Aqui, a primeira e a última letras do alfabeto grego revelam que Deus é o começo e o fim de todas as coisas; mas, no contexto, a declaração aplica-se igualmente bem a Jesus Cristo, "que por seu sangue nos libertou de nossos pecados" (Ap 1,5).

Se transpusermos os termos dessa declaração do alfabeto grego para o antigo alfabeto hebraico, ela fica: "Eu sou o *aleph* e o *thaw*", isto é,

"Eu sou o + e o X". No Apocalipse, lemos também que ninguém pode abrir o livro, exceto "um Cordeiro [...] de pé, como que imolado" (5,6). É possível deduzir que a cruz do cordeiro pascal está sobreposta à primeira e à última letras do alfabeto: o Jesus crucificado fornece a chave do alfabeto e, em última análise, da própria Escritura. Assim, por meio de uma espécie de trocadilho simbólico, a cruz completa a Escritura: "Está consumado", é precisamente o que Jesus diz na cruz (Jo 19,30). Todo esse simbolismo está ligado ao hebraico. Em grego, porém, é ainda mais simples, em especial quando há também uma unção com óleo. No alfabeto grego, o sinal X é a letra *chi*, a inicial do verbo "ungir" e do título *Christos*. É esse o meio mais direto de entender Ap 22,4: "e seu nome estará sobre suas frontes".

Entretanto, a clareza desse simbolismo da cruz não deve obscurecer o fato de reunir duas séries de elementos muito bem definidos. Uma é o instrumento da morte de Jesus, com três braços desiguais, à qual é associada a preparação do cordeiro pascal. A outra é a marca (na testa) em forma de cruz, na posição vertical ou de lado, com quatro braços iguais e diversos sentidos diferentes, diretos ou anexados (supressão, selo, alfabeto). O fato de essas duas realidades se unirem em um simbolismo comum pressupõe que ambas preexistiam de modo independente, o que é óbvio quanto à primeira. Quanto à segunda, a tradição rabínica, que tem uma base próxima dos costumes marginais dos *haberim*, jamais se interessa por outras religiões em consideração a elas, nisso seguindo um costume bem bíblico. Em outras palavras, a própria energia com a qual essa tradição opõe-se à colocação de um filactério na testa revela que ela estava familiarizada com outro sinal na testa, que agora está associado aos *minim*.

3. Conclusões

A conclusão mais simples de todas essas observações é que a descrição que Hipólito faz da recepção pelo bispo de um novo membro, ungindo-o com óleo e marcando-lhe a testa com uma cruz, é apenas uma reinterpretação cristã do gesto que vem inalterado das irmandades judaicas de renovação da Aliança, zelotes ou não. A cruz, como simples marca com vários sentidos possíveis, era originalmente um gesto oficial de adoção feito pelo "inspetor". É, então, fácil compreender por que as autoridades romanas chamaram alguns desses "ungidos", que proclamavam o fim e a chegada iminente do "Ungido" (o Messias), *christiani*, isto é, adeptos de "Christus" ou "Chrestus", entendido como nome próprio.

É igualmente fácil entender certos aspectos da cultura religiosa de Paulo que, com toda probabilidade, era um messianista "ungido". O paralelo entre a marca do Espírito no batismo (Ef 1,13) e o selo da circuncisão (Rm 4,11) sugere um rito. Onde ele declara que não foi enviado para batizar, mas para anunciar o evangelho "sem sabedoria de palavras, para não esvaziar a força da cruz de Cristo" (1Cor 1,17), Paulo não expressa necessariamente falta de interesse em sinais propriamente ditos, mas sua consciência de uma missão para lhes dar outro sentido "mais pleno". Quer dizer, a cruz (uma simples marca) na testa de alguém ungido já existia como sinal costumeiro que concluía o processo batismal; na pregação, ele recebeu o novo sentido da "cruz de Cristo", que combina morte e vida (ressurreição, nova criação). Isso acarretou completa mudança no messianismo, que deixou de se centralizar em Jerusalém e podia ser levado "até os confins da terra" (At 1,8).

Capítulo 7
E JESUS?

No final de nossa pesquisa das origens do cristianismo, precisamos perguntar: quem, ou melhor, o que era Jesus? Os elementos de uma resposta a essa pergunta já foram determinados no decorrer deste livro, mas convém uni-los. O propósito não é escrever uma biografia de Jesus, mas sugerir o que os contemporâneos pensavam dele.

A síntese mais simples é expressa pelos dois discípulos decepcionados que se dirigiam a Emaús depois da crucifixão de Jesus (Lc 24,13ss). Seja qual for a natureza literária dessa narrativa, o que eles têm a dizer sobre Jesus com certeza reflete as ideias e expectativas de muitos. Em resposta à pergunta do forasteiro, que parece desconhecer o que aconteceu recentemente em Jerusalém, eles dizem:

> O que aconteceu com Jesus, o Nazareno, que foi um profeta poderoso em obras e palavras diante de Deus e diante de todo o povo. Os sumos sacerdotes e as nossas autoridades o entregaram para ser condenado à morte e o crucificaram. Nós esperávamos que fosse ele quem libertaria Israel; mas, com tudo isso, já faz três dias que todas essas coisas aconteceram! É verdade que algumas mulheres do nosso grupo nos assustaram. Elas foram de madrugada ao túmulo e não encontraram o corpo dele. Então voltaram, dizendo que tinham visto anjos e que estes afirmaram que ele está vivo. Alguns dos nossos foram ao túmulo e encontraram as coisas como as mulheres tinham dito. A ele, porém, ninguém viu (Lc 24,19-24).

Os fundamentos desse retrato de Jesus harmonizam-se com o apresentado em um texto muito interessante, conhecido como "Versão eslava (em russo antigo)" da *Guerra judaica* de Flávio Josefo (doravante JE). Ali está uma de várias passagens (n. 12; ver o Apêndice, p. 181s) que não correspondem a nada do texto normal da *Guerra judaica*. Essas "passagens adicionais" tratam, na maior parte, da história da Judeia e das campanhas de Josefo, e é muito difícil entender por que foram introduzidas no texto por outra pessoa, por exemplo, um interpolador cristão. Em vez disso, quando comparamos o JE com o texto normal, ele se parece, de um modo geral, com o tipo de coisa que o próprio Josefo nos conta que escreveu em proveito dos judeus e de outros que viviam no reino parto e que ele subsequentemente revisou, com a ajuda de assistentes, para produzir a *Guerra judaica* como a temos (ver *G.J.* 1 §§1-6).

É verdade que algumas das "adições", como a n. 12, têm realmente um interesse cristão. Mas não é fácil rejeitá-las como falsificações. Primeiro, foram escritas no mesmo estilo das outras, que não têm nenhum interesse cristão. Segundo, expressam, como fazem os discípulos a caminho de Emaús, uma visão inteiramente judaica de Jesus. Terceiro, nessas passagens, vários detalhes importantes diferem da biografia de Jesus contida nos evangelhos. Nos dois últimos assuntos, seria de se esperar que um falsificador cristão se traísse. A passagem a respeito de Jesus é apresentada como apêndice. A ela nos referiremos de quando em quando nesta nossa análise.

1. "Profeta poderoso em palavras e obras"

Para seus contemporâneos, Jesus era um ou até mesmo *o* "nazoreu". Quanto ao sentido dessa palavra, encaminhamos o leitor ao capítulo 5, §II,2; aqui, basta lembrar que o termo equivalia a "Filho de Davi". Os evangelhos sinóticos deixam bem claro que ele era um mestre e curava as pessoas. Mas, segundo esses evangelhos, ele era mais que isso. Para usar as palavras dos discípulos a caminho de Emaús, ele era "poderoso em palavras". O sentido dessa expressão é exemplificado pela reação das multidões ao ensinamento de Jesus em Mt 7,28-29: "as multidões ficaram admiradas com seu ensinamento. De fato, ele as ensinava como quem tem autoridade, não como os escribas". A autoridade manifestada por Jesus não era sua; ao contrário dos escribas, que só repetiam a Torá, vinha do fato de que Jesus tinha o poder do Espírito para fazer as Escrituras falarem hoje. Nesse sentido, também Estêvão era "poderoso em palavras" e Apolo "poderoso nas Escrituras" (ver At 6,10; 18,25).

O poder de Deus com Jesus também se manifestava em obras, principalmente de cura. Esse aspecto é enfatizado de maneira especial pelo JE, em que Jesus não é chamado pelo nome, mas citado do princípio ao fim como "o fazedor de milagres". Esse texto não menciona de maneira explícita seus ensinamentos, mas seu "poder em palavras" é posto em primeiro plano: "E fosse o que fosse tudo que ele operava por meio de um poder invisível, ele operava por *palavra e mando*". De modo semelhante, nos Atos os apóstolos e outros "faziam prodígios" (ver 4,30; 5,12; 6,8). Os evangelhos, e também o JE, mencionam acusações de que, ao curar, Jesus violava o sábado. A essa acusação, o JE apresenta uma defesa sutil e caracteristicamente judaica, que não se encontra no NT e dificilmente ocorreria a um interpolador cristão: Jesus não curava com as mãos, mas de viva voz, por isso não violava o sábado por "trabalhar".

Essa prova de poder divino provocou a pergunta: que tipo de ser é esse? Os evangelhos trazem um eco desses debates: "Alguns dizem que és João Batista; outros, Elias; outros ainda, Jeremias ou algum dos profetas" (Mt 16,14 par.). Do mesmo modo, segundo o JE: "Havia quem dissesse dele: 'Nosso primeiro legislador (Moisés) ressuscitou dos mortos e realiza muitas curas e estratagemas', enquanto outros pensavam que ele era enviado de Deus". Observem como essas especulações pressupõem a crença de que alguma grande pessoa do passado poderia voltar dos mortos dotada de poderes sobre-humanos. Na verdade, as primeiras sentenças do JE n. 12 até questionam se Jesus era realmente humano ou algo mais que humano. Talvez fosse para opor-se a noções de que Jesus não era verdadeiramente humano que, ao escrever aos gálatas, Paulo enfatiza, um tanto estranhamente, que Jesus era "nascido de mulher" (Gl 4,4). Em todo caso, parece que essas especulações não ultrapassam o que era concebível para os judeus do século I. Sabemos que eles imaginavam que o Messias era humano e também sobre-humano, talvez preexistente, talvez até, em certo sentido, divino.

Os discípulos a caminho de Emaús chamam Jesus de "profeta", palavra usada pelos que ficam tomados de temor quando ele devolve à vida o filho da viúva de Naim: "Um grande profeta surgiu entre nós e Deus veio visitar o seu povo" (Lc 7,16). Esse milagre recordava os dos profetas veterotestamentários Elias e Eliseu (ver 1Rs 17,17-24; 2Rs 4,32-37).

2. "Nós esperávamos..."

A segunda parte da exclamação em Naim expressa a convicção de que Jesus era aquele por meio de quem Deus prometera "visitar" seu povo – em outras palavras, de "que fosse ele quem libertaria Israel". Vimos neste livro a natureza dessas expectativas. A prova dos evangelhos e também do JE n. 12 é serem afirmadas a respeito de Jesus: "e muitos espíritos ficaram em tumulto, pensando que desse modo as tribos judaicas se libertariam das mãos romanas". O agente dessa libertação era, já se vê, o Messias (embora o termo não seja usado nem pelos discípulos a caminho de Emaús, nem pelo JE). O assunto a ser tratado imediatamente é que a identidade do Messias não era conhecida antecipadamente; só seria conhecida com toda a certeza depois que ele cumprisse sua tarefa. No ínterim, observar-se-iam sinais que indicariam quem ele seria.

Nessa época, Jesus não era o único a ser considerado por alguns o libertador prometido. Dois, que surgiram nos anos 40 e 50 do século I d.C., são mencionados por Josefo e os Atos dos Apóstolos. Um era o Teudas citado por Gamaliel em At 5,36. Segundo Josefo (*Ant*. 20 §§97-98), ele persuadiu um grande número de pessoas a apanhar os seus bens e acompanhá-lo até o Jordão; ele dizia que à sua ordem o rio se fenderia; é evidente que a intenção era reencenar a entrada na terra prometida. O governador romano Cúspio Fado enviou contra ele um esquadrão de cavalaria. Teudas e muitos de seus seguidores foram mortos e outros, presos.

Outro que foi considerado o libertador prometido foi o "egípcio" sem nome com o qual Paulo é confundido em At 21,38. Josefo escreve sobre ele na *Guerra* (2 §§261-263) e nas *Antiguidades* (20 §§169-172). Ele reuniu os seguidores no monte das Oliveiras, de onde ele pretendia forçar a entrada em Jerusalém, tomar o forte romano e instalar-se como "tirano" (isto é, rei). Segundo a versão nas *Antiguidades*, ele prometeu que, a uma ordem sua, as muralhas desmoronariam. O governador Félix matou, capturou ou dispersou os seguidores, mas ele mesmo escapou.

Nos evangelhos, Jesus repetidamente se recusa a ser reconhecido como Messias. Um episódio decisivo é relatado em Jo 6,14ss, em que, depois de Jesus alimentar a multidão no deserto na época da Páscoa, as pessoas exclamavam: "Este é verdadeiramente o profeta, aquele que deve vir ao mundo". Então, ficamos sabendo, Jesus percebeu que queriam levá-lo para proclamá-lo rei, por isso retirou-se novamente sozinho para a montanha. Do mesmo modo, o JE relata que os que viram as obras do "fazedor de milagres" (Jesus) convidaram-no a chefiá-los na libertação de Jerusalém: "Ora, quando viram seu poder, que ele realizava tudo o que queria por (uma) palavra [...] eles [...] fizeram-no saber o que desejavam, que ele entrasse na cidade e matasse os soldados romanos e Pilatos e reinasse sobre nós [...]". Não está claro no JE se ele aceitou o convite; o texto é ambíguo.

Um manuscrito continua: "mas ele não deu atenção", enquanto outros trazem: "ele não desdenhou".

Nos quatro evangelhos, Jesus faz uma entrada pública em Jerusalém, durante a qual é aclamado Rei-Messias. De acordo com a opinião geral, foi um evento pacífico e ordeiro, talvez destinado a ser um gesto simbólico. Como "entrada triunfal", poderia ser considerada um fracasso. Pode bem ser que ela confundisse os observadores, amigos e hostis: ele pretendia ou não expulsar os ocupantes romanos?

3. "As nossas autoridades o entregaram"

As autoridades judaicas de Jerusalém tinham toda a razão, de seu ponto de vista, para ficar alarmadas com o aumento do fervor messiânico em torno de Jesus. Era muito provável que isso atraísse a repressão e a represália romanas. A situação desagradável e a solução óbvia para isso são relatadas em uma passagem do Evangelho de João (11,47ss); seja ou não estritamente histórica, essa narrativa reflete as realidades políticas da situação. Os líderes se reuniram em conselho e perguntaram: "Que vamos fazer? Este homem faz muitos sinais. Se deixarmos que ele continue assim, todos vão acreditar nele; e os romanos virão e destruirão nosso Lugar Santo e a nossa nação". É o sumo sacerdote Caifás que responde: "Vós não entendeis nada. Não percebeis que é melhor um só morrer pelo povo do que perecer a nação inteira?". Depois eles entregaram Jesus a Pilatos.

No JE, quando ficaram sabendo que Jesus havia sido incentivado a tomar Jerusalém e governar como rei, os chefes judeus reuniram-se com o sumo sacerdote e ponderaram: "Somos impotentes e fracos (demais) para enfrentar os romanos. Além disso, como o caso já é conhecido, vamos comunicar a Pilatos o que ouvimos e nos livraremos de problemas, para que ele não saiba do caso por outros e nos roube nossas posses, nos massacre e disperse nossos filhos". E foram contar a Pilatos.

Jesus foi crucificado. Segundo Jo 19,19, o letreiro sobre a cruz dizia: "Jesus, o nazoreu, o Rei dos Judeus". Ele foi um "rei que jamais reinou", como diz outra passagem do JE (n. 20).

A morte de Jesus naturalmente pôs um fim às esperanças de que ele fosse o prometido libertador. Agora entendemos por que os dois discípulos decepcionados de Lc 24 estavam a caminho de Emaús. Muitos comentaristas desse aspecto da passagem procuraram identificar o lugar em termos da distância declarada de Jerusalém. Mais interessante para nós é sua significação. Com efeito, Emaús foi o lugar onde, em 164 a.C., Judas Macabeu venceu a batalha decisiva que abriu caminho para Jerusalém e resultou na tomada e purificação do Templo (1Mc 4ss). Assim, depois de perder a esperança em Jesus, esses discípulos vão, ou retornam, a um lugar santificado por uma luta armada bem-sucedida contra o opressor gentio. Sua viagem simboliza o aumento do ativismo militante relatado por Josefo nas décadas que precederam a desastrosa revolta de 66.

4. "... afirmaram que ele está vivo"

Rumores de que Jesus ressuscitara dos mortos, mas também negativas do fato, são relatados no JE, acréscimo n. 21 (ver o Apêndice). Os judeus do século I tinham ideias diferentes a respeito da vida e da morte. Para os que, como os fariseus, acreditavam na ressurreição, talvez não fosse impossível que, para alguém excepcionalmente justo, Deus antecipasse, por assim dizer, a ressurreição geral. Isso, pelo menos, parece ser admitido pelos fariseus, aos quais Paulo apela em At 23,6ss. Também mencionamos que para os evangelhos e também o JE, as pessoas supunham ser Jesus um profeta do passado, ressuscitado dos mortos.

Segundo At 3–4, Pedro e os que o rodeavam experimentaram no presente o poder do nome de Jesus, na cura do aleijado na porta do Templo chamada Formosa. Usaram-no como argumento contra os saduceus, que negavam a ressurreição. Do mesmo modo, o poder do Espírito Santo, o Espírito de Jesus, que agia entre eles, era prova de que ele tinha sido ressuscitado dos mortos e exaltado à "direita" de Deus, de onde enviara o Espírito sobre seus seguidores (At 2,14-35). O túmulo vazio e as aparições já não eram ambíguos, mas apoiavam e davam forma a sua convicção de que Jesus vive.

Assim, afinal de contas, Jesus era o Messias e agora ou muito em breve passaria a desempenhar a tarefa do Messias de libertação nacional. A renovada esperança messiânica expressa-se pela pergunta feita pelos discípulos a Jesus ressuscitado em At 1,6: "Senhor, é agora que vais restabelecer o Reino para Israel?". Sua ascensão ao céu representa uma demora; ao mesmo tempo, há a certeza de que no futuro, só Deus sabe quando, Jesus voltará para desempenhar a tarefa (ver Pedro em At 3,20ss e Paulo em 1Ts 4,13ss).

Entretanto, essa não era a posição definitiva do cristianismo neotestamentário. Na conclusão da passagem que seguimos neste capítulo, Lucas relata que Jesus ressuscitado chegou a Emaús, tomou o pão, deu graças a Deus, partiu o pão, o deu aos dois discípulos e eles o reconheceram *no ato de partir o pão*. A ação sacramental expressa a transformação da esperança messiânica e também a fé na ressurreição de Jesus. Ele já está aqui e o Reino de Deus chegou.

CONCLUSÃO

O cristianismo veio de um ambiente com uma cultura religiosa próxima da dos essênios. Nesse ambiente, novos membros eram admitidos na comunidade por um processo de iniciação que enfatizava abluções especiais. A principal ação da comunidade, reservada estritamente aos iniciados, era uma refeição sagrada na qual o pão e o vinho eram consumidos em porções simbólicas. Esses aspectos principais ainda são bem conhecidos dos cristãos sob os nomes de batismo e Eucaristia. Os próprios ritos foram herdados do ambiente original; o que é novo no cristianismo é o sentido que transmitem por meio da morte e ressurreição salvíficas de Cristo. Em torno delas, agrupavam-se outros elementos estruturais característicos da vida e da ordem comunitárias que se encontram no ambiente original e, mais tarde, na Igreja cristã.

A cultura religiosa do ambiente original era insignificante para o resto do judaísmo contemporâneo e de um tipo marcadamente sectário. É, de modo geral, chamada "essênia", termo abrangente que significa "Fiel" e, de fato, abarcava vários grupos e subgrupos. Os que faziam parte desse movimento achavam que eram o verdadeiro Israel, e que só eles guardavam a Aliança e estavam encarregados de preparar o caminho para o Senhor, que logo viria julgar o mundo. Outros indivíduos, judeus e também gentios, eram considerados maus e impuros. Muitos desses grupos aguardavam o Messias; alguns se preparavam para sua aparição com um ativismo militante. Nesse ambiente, qualquer tipo de oportunidade para os gentios era impensável. Não se explica pela natureza do ambiente galileu específico do qual vinham os primeiros discípulos de Jesus. Isso era altamente tradicional e voltava-se para a Babilônia e também para Jerusalém.

Alguns dos profetas haviam vaticinado que os gentios iam se voltar para o Deus de Israel, especialmente no fim dos tempos. O que não tinha sido previsto era a inclusão dos gentios ao lado dos judeus para formarem uma só comunhão. Isso foi uma verdadeira revolução, que ameaçou uma volta ao caos, se não fosse percebida como nova criação. Seus proponentes a consideravam um efeito da ressurreição de Jesus e da dádiva do Espírito, dois acontecimentos que derrubaram fronteiras.

As passagens características da narrativa, bem como a posição dos principais atores, estão resumidas no quadro a seguir. As três principais colunas verticais estão definidas por três modos fundamentais de ver Jesus: discípulo de João Batista (que se subdivide mais), Messias e Senhor. Tomando-se o caso de Paulo, ele primeiro identificou o Messias (Cristo) como Jesus, depois Jesus Cristo como Senhor, que iniciou um reino sem fronteiras, conforme expresso em Fl 2,11: "E toda língua confesse: Jesus Cristo é o Senhor".

Horizontalmente, há três fases. Uma é estável, ligada à memória de Jesus e anterior a Pentecostes (ou o que Pentecostes representa). Na segunda, em um clima de agitação quanto ao "caminho" certo, Jesus é identificado como o Messias que está prestes a voltar. A terceira caracteriza-se pelo Espírito e o messianismo, estritamente falando, desapareceu ou, antes, transformou-se: o Messias já chegou (ressurreição) e "Cristo" torna-se nome próprio especial, ou uma espécie de sobrenome. Para as pessoas mais importantes, um numeral romano indica as etapas principais de sua evolução.

Esse quadro é complexo, mas é a máxima simplificação de um grande número de pequenos fatos que nunca se encaixaram em nenhum esquema sem originalidade. Três pontos se destacam. Primeiro, Tiago, irmão, mas não discípulo, de Jesus, torna-se o ponto de referência depois da dispersão que se seguiu ao desaparecimento do Mestre. Em seguida, a enorme convulsão causada por uma agitação messiânica, sob Calígula e após, levou a contatos com os gentios, provocados por movimentos populares, que derrubaram as barreiras que isolavam os adoradores de Deus. Por fim, Pedro acaba em uma posição a meio caminho entre a representada por Tiago, que não muda (expectativa passiva dentro do círculo original), e Paulo (movimento de longo prazo voltado para as nações). Dos três, só Pedro é, em verdade, discípulo de Jesus. Como Tiago, ele fica próximo ao ambiente original. Como Paulo, mas de modo um tanto diferente, ele tem, sob a influência do Espírito, um sentimento ativo da ressurreição de Jesus como já efetivamente aqui e agora.

Conclusão

	Jesus (batismo de João)			Messias (prestes a vir)	Senhor (já veio)
	Nazoreu	Mestre	o que cura		
Fase I (Jesus)	Tiago (irmão de Jesus)	Apolo	Pedro I, Barnabé	Paulo I, Áquila	
Fase II ("Caminho")		junta-se a Áquila (Corinto)	*(christiani)*	Paulo II (Damasco, Antioquia)	
III Fase (Espírito)	Tiago (nazoreus, Jerusalém)		Pedro II (ressurreição, Cornélio)		Paulo III (Éfeso; nem judeus nem gregos)

LEITURA ADICIONAL

Os leitores que desejarem obter mais informações ou documentação a respeito das opiniões expressas neste livro devem consultar: Étienne Nodet e Justin Taylor. *The Origins of Christianity: An Exploration*. A Michael Glazier Book. Collegeville, Minn.: The Liturgical Press, 1998.

O que se segue não é, de modo algum, uma bibliografia das origens cristãs, mas apenas uma pequena lista de estudos valiosos de assuntos importantes tratados nesta obra.

BRADSHAW, Paul F. *The Search for the Origins of Christian Worship*. London: Society for Promoting Christian Knowledge, 1992.

COLLINS, John J. *The Scepter and the Star: The Messiahs of the Dead Sea Scrolls and Other Ancient Literature*. The Anchor Bible Reference Library. New York: Doubleday, 1995.

FREYNE, Seán. *Galilee from Alexandria to Hadrian: A Study of Second Temple Judaism*. Wilmington, Del.: Michael Glazier, 1980.

HENGEL, Martin. *The Zealots: Investigations into the Jewish Freedom Movement in the Period from Herod I until 70 A.D.* Tradução de David Smith da 2ª ed. alemã, de 1976. Edinburgh: T. & T. Clark, 1989.

HORBURY, William. *Jewish Messianism and the Cult of Christ*. London: Student Christian Movement Press, 1998.

METZGER, Bruce. *The Canon of the New Testament: Its Origin, Development, and Significance*. Oxford: Clarendon Press, 1987. (Reimpresso com correções, 1988.)

MURPHY-O'CONNOR, Jerome. *Paulo: Biografia crítica*. Tradução de Barbara Theoto Lambert. São Paulo: Loyola, 2000.

NODET, Étienne. A Search for the Origins of Judaism; From Joshua to the Mishnah. *Journal for the Study of the Old Testament*. Supplement Series n. 248. Tradução de Ed Crowley, da edição francesa, 1992. Sheffield: Sheffield Academic Press, 1997.

SCHÜRER, Emil. *The History of the Jewish People in the Age of Jesus Christ (175 B.C.-A.D. 135)*. Nova versão inglesa, revisada e organizada por Geza Vermes, Fergus Millar & Martin Goodman. Edinburgh: T. & T. Clark, 1973-1987.

STEMBERGER, Gunther. *Introduction to the Talmud and Midrash*. 2ª edição, traduzida da 2ª edição alemã (1992) e organizada por Markus Bockmuehl. Edinburgh: T. & T. Clark, 1996.

THACKERAY, H. St. John, *Josephus: The Man and the Historian*. Nova edição, com uma introdução de Samuel Sandmel. New York: Ktav Publishing House, 1967. (Publicado pela primeira vez em 1929 como *Hilda Stich Stroock Lectures at the Jewish Institute of Religion*.)

VANDERKAM, James, C. *The Dead Sea Scrolls Today*. London; Grand Rapids, Mich.: Society for Promoting Christian Knowledge; Wm. B. Eerdmans, 1994.

APÊNDICE

O Josefo "eslavo"

As passagens a seguir foram traduzidas por H. St. J. Thackeray de uma tradução alemã da versão "eslava" (em russo antigo) da *Guerra judaica*. Encontram-se entre um total de vinte e duas "passagens adicionais básicas na versão eslava", em um apêndice ao volume 3 da edição da Loeb Classical Library das obras de Josefo, que as completa com um quadro de "omissões na versão eslava". Aqui estão reproduzidas sem os colchetes introduzidos por Thackeray para indicar o que, em sua opinião, eram interpolações cristãs.

(12) Ministério, julgamento e crucifixão do "fazedor de milagres" (Jesus) [Entre *G.J.* 2 §§174 e 175].

Nessa época, ali apareceu um homem, se for admissível chamá-lo de homem. Sua natureza e forma eram humanas, mas sua aparência (era alguma coisa) mais que (a) de um homem; entretanto, suas obras eram divinas. Ele operava milagres maravilhosos e pujantes. Portanto, é-me impossível chamá-lo de homem, porém, se eu olhar para a natureza que ele partilhava com todos, não o chamarei de anjo. E fosse o que fosse, tudo o que ele operava por meio de um poder invisível ele operava por palavra e mando. Havia quem dissesse dele: "Nosso primeiro legislador ressuscitou dos mortos e realiza muitas curas e estratagemas", enquanto outros pensavam que ele era enviado de Deus. Seja como for, em muitas coisas ele desobedecia à Lei e não guardava o sábado segundo os costumes dos (nossos) pais. Contudo, por outro lado, ele não fez nada vergonhoso; nem (fez nada) com ajuda das mãos, mas proporcionava tudo somente de viva voz.

E muitos da multidão o seguiam e ouviam seu ensinamento; e muitos espíritos ficaram em tumulto, pensando que desse modo as tribos judaicas se libertariam das mãos romanas. Ora, era seu costume passar algum tempo defronte da cidade, no Monte das Oliveiras, e ali também ele concedia curas ao povo.

E reuniram-se e foram até ele cento e cinquenta ministros e uma aglomeração do povo. Ora, quando viram seu poder e que ele realizava tudo o que queria de viva voz, e quando o fizeram saber o que desejavam, que ele entrasse na cidade e matasse os soldados romanos e Pilatos e reinasse sobre nós (*texto ambíguo, ou* ele não nos desdenhou, *ou* mas ele não deu atenção).

E quando chegou ao conhecimento dos líderes judeus o que se passava, eles se reuniram com o sumo sacerdote e disseram: "Somos impotentes (demais) e fracos (demais) para enfrentar os romanos. Além disso, como o caso já é conhecido, vamos comunicar a Pilatos o que ouvimos e nos livraremos de problemas, para que ele não saiba do caso por outros e nos roube nossas posses, nos massacre e disperse nossos filhos". E foram comunicar a Pilatos. E ele dispersou e mandou matar muitos da multidão. E mandou trazerem o fazedor de milagres e depois de instalar um inquérito a respeito dele, pronunciou a sentença: "Ele é benfeitor, não malfeitor, não rebelde, não ávido de realeza". E deixou-o ir; de fato, ele curara sua esposa moribunda.

E ele foi ao lugar costumeiro e fez as obras costumeiras. E quando mais pessoas reuniram-se em torno dele, ele se glorificou por suas ações mais que todos. Os doutores da Lei foram vencidos pela inveja e deram trinta talentos a Pilatos, para que ele mandasse matá-lo. E ele pegou (o dinheiro) e deu-lhes liberdade para fazerem eles mesmos o que queriam. E eles apoderaram-se dele e o crucificaram (*texto ambíguo, ou* contrário à lei de seus antepassados, *ou* segundo a lei dos imperadores).

(21) O véu rasgado do Templo e a ressurreição [depois de *G.J.* 5 §214].

Antes desta geração, a cortina estava inteira, porque o povo era piedoso; mas agora era doloroso vê-la, pois foi repentinamente rasgada de alto a baixo quando, por meio de suborno, entregaram à morte o benfeitor dos homens e que, por suas ações, não era homem.

E poderíamos falar de muitos outros sinais espantosos que aconteceram então. E dizem que, sendo morto e depois posto na sepultura, não foi encontrado. Na verdade, alguns professam que ele ressuscitou, outros que foi tirado às escondidas por seus amigos. Mas, de minha parte, não sei quem fala mais corretamente. De fato, alguém que está morto não se levanta sozinho, embora possa fazê-lo com a oração de outro homem justo, a menos que seja um anjo ou outro dos poderes celestes, ou (a menos que) o próprio Deus apareça como homem e pereça e se deite e levante de novo, como for de seu agrado. Mas outros disseram que não era possível tirá-lo às escondidas, porque puseram guardas ao redor do túmulo, trinta romanos e mil judeus.

GLOSSÁRIO DE TERMOS E NOMES

ADORADOR DE DEUS: gentio simpatizante do judaísmo.

AQIBA: rabino que apoiou Simão Bar Kochbá na segunda revolta judaica; especializou-se na ligação da tradição oral à Escritura.

BAR KOCHBÁ, SIMÃO: chefe militar da segunda revolta judaica contra Roma (132-135 d.C.).

CÂNON: palavra grega que significa "regra"; lista oficial de livros declarados válidos do Antigo ou do Novo Testamento.

DIATESSARÃO: a concordância dos quatro evangelhos feita por Taciano em 170 d.C. e organizada de modo a formar uma narrativa contínua.

ETHNOS: palavra grega que significa "nação"; aqui, trata-se dos judeus no período helenístico (depois de 300 a.C.).

EXÍLIO, O: dos habitantes de Judá deportados para Babilônia, depois da tomada de Jerusalém por Nabucodonosor em 587/586 a.C.; em 538, o rei persa Ciro permitiu aos que queriam, voltar a Jerusalém.

FÍLON: escritor judeu de Alexandria na primeira metade do século I d.C., que explicou sua religião aos contemporâneos gregos e romanos.

GAMALIEL: nome de dois rabinos importantes do século I d.C.: Gamaliel I, no início do século, foi o mestre do futuro apóstolo Paulo, segundo At 22,3; no final do século, seu neto Gamaliel II desempenhou papel importante na formação do judaísmo rabínico.

HABER (PLURAL: HABERIM): palavra hebraica que significa "companheiro"; aqui, trata-se do membro de uma *habura*.

HABURA: irmandade para a qual era necessário, antes de entrar, um processo de iniciação; seus membros participavam de refeições comuns, consumidas em condições de rigorosa pureza ritual.

HASMONEU(S): dinastia real (assim chamada em homenagem a um antepassado), fundada pelos macabeus, que reinou sobre um estado judaico independente até a Judeia cair sob o domínio romano depois de 63 a.C.

HERODES: no NT, três reis são chamados Herodes: 1) Herodes, o Grande, que se tornou rei da Judeia sob a supervisão romana em 37 a.C. e morreu em 4 a.C. (ver Mt 2,1); 2) seu filho Herodes Antipas, que governou a Galileia e a Pereia com o título de "tetrarca", de 4 a.C. a 39 d.C. (ver Lc 1,5); 3)

Herodes Agripa I, neto de Herodes, o Grande, e rei da Judeia de 41 a 44 d.C. (ver At 12,1).

HILEL: teve sucesso no final do século I a.C. e é considerado um dos fundadores da tradição rabínica.

IAVNE (também chamada JÂMNIA): cidade perto de Jafa que era sede de uma escola rabínica fundada depois da primeira revolta, em 70 d.C.

JOSEFO, FLÁVIO: chefe militar judeu na Galileia durante a primeira revolta (66-70 d.C.), que se passou para Roma e tornou-se o historiador romano dos judeus.

KERYGMA (QUERIGMA): palavra grega que significa "proclamação"; aqui, refere-se à morte e ressurreição salvíficas de Jesus Cristo.

MACABEUS, OS: Judas Macabeu (o "Martelo"), Jônatas e Simão, filhos do sacerdote Matatias, que chefiaram uma bem-sucedida revolta dos judeus contra o rei Antíoco IV depois de 166 a.C.

TEXTO MASSORÉTICO (frequentemente abreviado TM): texto hebraico do Antigo Testamento confirmado definitivamente pelos massoretas, estudiosos judeus ativos entre 750 e 100 d.C.

MINIM: palavra hebraica que significa "sectários"; fontes rabínicas posteriores a 70 d.C. usam esse termo para designar, entre outros, os discípulos judeus de Jesus.

MISHNAH (MIXNÁ): palavra hebraica que significa "repetição"; codificação da Torá oral judaica feita por volta de 220 d.C.

NAZOREU (ou NAZARENO): provavelmente de uma palavra hebraica que significa "broto" (*neser*, ver Is 11,1) e "observar" *nasar*; é epíteto dado no NT e alhures a Jesus (e a seus "irmãos") e a seus seguidores.

PENTATEUCO: os cinco primeiros livros da Bíblia ("livros de Moisés"): Gênesis, Êxodo, Levítico, Números, Deuteronômio.

PRÉ-CONSTANTINO: período da história da Igreja anterior ao reinado de Constantino, o Grande (285-337 d.C.), que iniciou o processo pelo qual o cristianismo tornou-se a religião oficial do Império Romano.

SEPTUAGINTA (frequentemente abreviada como LXX): tradução grega do Antigo Testamento iniciada em Alexandria por volta de 250 a.C.

SINÓTICOS: de uma palavra grega que significa "vistos juntos"; os três evangelhos de Mateus, Marcos e Lucas têm muitas passagens em comum; para compará-las, elas são colocadas lado a lado em uma "sinopse".

TANAÍTAS: de uma palavra hebraica que significa "repetidor"; os mais antigos "transmissores" da tradição rabínica antes da compilação da Mixná.

TIPOLOGIA: interpretação de pessoas ou coisas do AT como "tipos", isto é, prefigurações de pessoas ou coisas no NT; por exemplo, o rei Davi era o "tipo" de Cristo.

TORAH (TORÁ): palavra hebraica que significa "instrução", frequentemente traduzida como "lei"; a Torá escrita é o Pentateuco, e a Torá oral é a tradição; segundo os rabinos, as duas foram recebidas por Moisés no Sinai.

YOHANAN BEN ZAKKAI: fundador da escola de Iavne.

SUMÁRIO

Abreviaturas 9

Nota à edição brasileira 13

Introdução 15

Capítulo 1 - Pontos de partida
   I. As fontes... 27
      1. O Novo Testamento 27
      2. Documentos de Qumran e textos rabínicos 32
      3. Fílon e Josefo... 34
      4. Conclusões... 37
   II. Dois episódios intrigantes.. 39
      1. Pedro e Cornélio 39
      2. A noite em Trôade.. 42

Capítulo 2 - Batismo e Eucaristia
   l. Batismo 47
      1. O batismo de João... 48
      2. João, Jesus e seus discípulos... 52
      3. O batismo de Jesus e o batismo cristão 54
   II. A última ceia 56
      1. O problema da cronologia 56
      2. A Última Ceia e a Páscoa judaica 58
      3. Em busca de um sentido 60
   III. Conclusão 66

Capítulo 3 - A Galileia judaica
   I. A Galileia antes de Herodes 71
      1. Depois do exílio... 71
      2. Em torno de Herodes, o Grande 72
   II. Hilel e a Galileia 75
      1. Uma entronização distante.. 75
      2. Pergunta fundamental a respeito da Páscoa judaica 78
   III. A Galileia que Jesus conheceu 80

IV. Antes e depois da queda de Jerusalém 84
   1. Josefo e a Galileia 84
   2. A academia de Iavne 85
   3. A migração para a Galileia depois de 135 88
V. De irmandades a escolas 89
   1. O ideal da irmandade (*habura*) 90
   2. O batismo dos prosélitos 91
VI. Conclusões 94

Capítulo 4 - A missão para os gentios
I. Judeus e gentios 97
   1. Proselitismo judaico? 97
   2. Reformadores e rebeldes 100
   3. *Christiani* em Roma, Alexandria e Antioquia 103
II. Éfeso e Corinto 110
   1. Apolo e o ensinamento correto 110
   2. Paulo, de Corinto a Éfeso 114
   3. Os discípulos em Éfeso 116
III. O início da missão 119
   1. A estrada para Damasco 119
   2. Acontecimentos em Jerusalém 121
   3. Ascensão e Pentecostes 123

Capítulo 5 - Tiago, Paulo e Pedro
I. Tiago em Jerusalém 125
   1. Os decretos dos apóstolos 126
   2. Preceitos para os filhos de Noé 127
II. O legado de Tiago 130
   1. Os bispos judeus de Jerusalém 130
   2. Os nazoreus 131
   3. O desprestígio de Tiago e sua volta às boas graças 134
III. Tanaítas e nazoreus 135
   1. Indícios de polêmica 136
   2. O perigo do cristianismo 137
IV. A formação do Novo Testamento 139
   1. Os nazoreus e os evangelhos 140
   2. Lucas-Atos 142
   3. Rumo ao cânon 143
   4. Observações finais 144

Capítulo 6 - A Aliança
 I. A Páscoa judaica 148
  1. O cordeiro pascal 148
  2. A Páscoa judaica e a Páscoa cristã 149
 II. Pentecostes e a aliança 151
 III. Admissão e exclusão 153
  1. Iniciação no nome da Trindade 154
  2. Confraternização à mesa e castigos 156
 V. Por que *Christiani*? 157
  1. Cristãos, unções 158
  2. O sinal da cruz 162
  3. Conclusões 164

Capítulo 7 - E Jesus?
  1. "Profeta poderoso em palavras e obras" 168
  2. "Nós esperávamos..." 169
  3. "As nossas autoridades o entregaram" 171
  4. "... afirmaram que ele está vivo" 172

Conclusão 175

Leitura adicional 179

Apêndice 181

Glossário de termos e nomes 183

Impresso na gráfica da
Pia Sociedade Filhas de São Paulo
Via Raposo Tavares, km 19,145
05577-300 - São Paulo, SP - Brasil - 2012